LA PRESSE PÉRIODIQUE
DANS LES DEUX MONDES

ESSAI HISTORIQUE ET STATISTIQUE

SUR LES ORIGINES DU JOURNAL

ET SUR LA NAISSANCE ET LES DÉVELOPPEMENTS DE LA PRESSE PÉRIODIQUE

DANS CHAQUE ÉTAT

PAR

EUGÈNE HATIN

EXTRAIT DE LA

BIBLIOGRAPHIE HISTORIQUE ET CRITIQUE DE LA PRESSE PÉRIODIQUE FRANÇAISE

PARIS

LIBRAIRIE DE FIRMIN DIDOT FRÈRES, FILS ET Cie

IMPRIMEURS DE L'INSTITUT, RUE JACOB, 56

1866

ESSAI

SUR LA

PRESSE PÉRIODIQUE

TYPOGRAPHIE DE H. FIRMIN DIDOT. — MESNIL (EURE)

LA PRESSE PÉRIODIQUE

DANS LES DEUX MONDES.

A quelle époque et dans quel pays est né le journal?

Quand la presse périodique a-t-elle pris naissance dans chaque État? Comment s'y est-elle développée? Quel y est son état actuel?

Tel est le double problème — ardu s'il en fut — que je me suis posé, et dont je voudrais, dans cet Essai, je ne dirai pas donner, mais seulement préparer la solution.

C'est, en effet, la seule ambition permise aujourd'hui. Il ne sera possible d'aller au fond de cette question difficile que le jour où la presse de chaque nation aura trouvé son historien, et nous n'en sommes pas encore là, car, à ma connaissance, et à part quelques essais dont je parlerai, la presse anglaise est jusqu'ici la seule qui soit dans ce cas; — ou bien lorsque la confraternité littéraire aura poussé de plus profondes racines et réuni sous ses rameaux généreux, dans une grande et sainte communion, tous les membres disséminés de la république des lettres, et c'est là encore une époque dont nous ne sommes pas voisins, si j'en juge par l'expérience que j'en ai faite.

Je m'étais dit : Aujourd'hui que le journal occupe une si large place dans la vie des peuples, il est impossible qu'il n'y ait pas dans chaque État civilisé un homme au moins qui ait tourné son attention de ce côté, qui ait fait de la presse périodique, plus ou moins exclusivement, l'objet de ses études. S'il m'était possible d'entrer en communication avec ces hommes dont le cœur, si je pouvais ainsi dire, bat à l'unisson du mien, ensemble nous élèverions à la presse un monument digne d'elle, digne de durer.

Mais ces hommes, comment les découvrir? C'était la difficulté. Je résolus cependant d'essayer, et pour y parvenir je ne crus pouvoir mieux faire que de m'adresser aux conservateurs des grandes bibliothèques dans les capitales des divers États. Les bibliothécaires connaissent assez généralement les érudits, les fouilleurs de leur pays, ceux-là surtout qui s'adonnent à une spécialité, je dirais presque qui ont une idée fixe, ne serait-ce que pour en avoir été souvent importunés. Une autre considération encore m'avait déterminé : c'est que toutes les grandes bibliothèques ont, à n'en pas douter, sinon des collections de journaux, au moins des échantillons, plus ou moins nombreux, plus ou moins anciens, de la presse périodique nationale.

Si j'avais quelque chance de réussir, ce devait être évidemment de ce côté. Je ne dirai pas que j'aie été trompé dans mon attente : ma vieille expérience est peu confiante; mais enfin il me faut bien avouer que le produit de l'enquête à laquelle je me suis livré n'a été satisfaisant que dans une mesure assez étroite. Je n'en dois que de plus vifs remercîments aux obligeants confrères — que MM. Rye, Watts et Valentinelli me permettent ce nom — qui ont répondu à mon appel.

M. W. B. Rye, conservateur du *British Museum*, un établissement dont les immenses trésors sont connus du monde entier, m'a adressé, avec un empressement dont j'ai été touché, les meilleurs renseignements.

M. Thomas Watts, du même Musée, m'a envoyé deux très-curieuses brochures par lui publiées sur le sujet de mes recherches, et dont je reparlerai bientôt.

M. Giuseppe Valentinelli, conservateur de la *Biblioteca Marciana*, à Venise, m'a donné, sur les gazettes vénitiennes, dans une lettre des plus aimables, des renseignements tout à fait nouveaux, qu'on trouvera plus loin.

De Vienne, j'ai reçu une lettre, on ne peut plus bienveillante dans la forme, de M. le conservateur de la Bibliothèque impériale, mais aucun renseignement, pas même sur un point spécial à cette bibliothèque. « Je ne saurais dans le moment présent, a bien voulu m'écrire M. le baron de Munch Bellinghausen, vous nommer aucun de nos savants ici qui fût disposé à se charger de telles recherches, également longues et difficiles, et dont les connaissances pussent laisser attendre des résultats suffisants. Ne pouvant pas garantir le succès, je n'oserais vous engager à des *sacrifices d'argent considérables.* »

Cette question d'argent, qui se dressait si inopinément devant moi, me donna comme le frisson, et je ne pus m'empêcher de supputer ce qu'à lui seul déjà me coûtait ce renseignement négatif et peu consolant, c'est-à-dire presque autant que j'ai gagné, depuis cinq ans, pendant toute une semaine, à ce rude labeur, auquel je me suis adonné avec un dévouement qu'on ne saurait, tout au moins, accuser d'être intéressé. Ce sont là choses tristes à dire, sans doute, mais que je ne vois aucune honte à confesser : pauvreté n'est pas vice.

De Berlin, je n'ai reçu que des vœux pour le succès de mon ouvrage.

De Saint-Pétersbourg, rien.

De Florence, rien.

C'était peu encourageant, et je ne crus pas devoir pousser plus loin cette enquête ; mais, pour cela, je ne lâchai pas prise. J'avais pu dès auparavant, grâce à la bienveillance d'un ministre libéral, M. Duruy, visiter les bibliothèques de la Belgique, de la Hollande et de la Suisse ; pour l'Angleterre, l'excellente *Histoire de la presse en Angleterre et aux Etats-Unis,* de M. Cucheval Clarigny, m'offrait une mine abondante en détails historiques et statistiques, où je pouvais puiser à pleines mains. J'avais en outre recueilli dans mes recherches, à droite et à gauche, un certain nombre de particularités, de notes statistiques, intéressant l'histoire de la presse européenne. Je me mis à chercher de nouveau, je fouillai tous les recueils où je pouvais espérer trouver quelque chose, et je finis par rassembler une masse assez respectable de renseignements de toutes natures.

C'est le résultat de ces investigations que j'offre aux hommes de science. Ces données sont bien incomplètes, bien décousues, et, pour certains pays, bien arriérées, mais enfin ce seront des matériaux pour l'avenir. En cette matière, comme en beaucoup d'autres, il fallait que quelqu'un eût le courage de commencer ; « l'essentiel, comme le disait M. Sainte-Beuve, dans un article que j'ai déjà cité, était d'établir les grandes lignes de la chaussée ; les perfectionnements viendront ensuite. »

ORIGINES DU JOURNAL.

Le journal, dans le sens qui s'attache aujourd'hui à ce mot, est évidemment d'origine toute moderne ; il n'a pu précéder l'imprimerie, il est impossible sans elle, il ne se comprend que par elle et avec elle. Cette puissance de publicité devenue une fonction sociale est la grande conquête de la civilisation moderne ; elle est aussi essentiellement nôtre, a dit un de nos plus spirituels publicistes, que le bateau à vapeur.

Oui, sans doute ; mais avant le bateau à vapeur, il y en a eu d'autres, de moins en moins parfaits à mesure qu'on remonte vers l'origine de la navigation, et la pirogue de l'Indien, quelle que soit l'immensité qui la sépare de nos steamers actuels, n'en est pas moins un bateau.

Ainsi en est-il de la presse périodique. Elle répond à un besoin si vrai, à un besoin tel, qu'on peut supposer avec grande apparence de raison que les peuples qui ont successivement exercé l'empire du monde et marqué sur la terre leur trace civilisatrice ont dû avoir, sinon des journaux, au moins quelque chose qui leur en tînt lieu jusqu'à un certain point.

Dans mon *Histoire politique et littéraire de la presse en France*, j'ai consacré un long chapitre à ces précédents du journal, à ces tentatives de publicité, qu'expliquent partout le même besoin des esprits, les mêmes sollicitudes de la vie publique, et dont on trouve de nombreuses traces bien longtemps avant que l'imprimerie pût librement répandre les faits de chaque jour, de chaque heure, avec une si prodigieuse rapidité. Je vais résumer, en les précisant davantage, toutes les données que j'ai pu recueillir sur ce sujet, passer en revue tous ces essais, pour étudier leur filiation, leur enchaînement, et montrer comment ils ont pu conduire au journal moderne, qui, on le pense bien, n'est pas venu au monde tout d'une pièce.

Préalablement, et pour procéder avec méthode, il convient de bien s'entendre sur la signification du mot *Journal* et autres équivalents : question que j'ai déjà touchée dans ma préface. Le Dictionnaire de l'Académie française en donne la définition fort nette que voici : « Journal se dit *particulièrement* d'un ouvrage quotidien ou périodique, qui se publie par feuilles, par numéros, et qui fait connaître, soit par de simples annonces, soit par des articles raisonnés, les nouvelles politiques, scientifiques et littéraires, les ouvrages nouveaux, etc. »

Voilà bien ce qu'on entend aujourd'hui par *Journal:* tous les écrits, quels que soient le mode et l'époque de leurs *publications successives*, qui, par leur titre, leur plan et leur esprit, forment un ensemble et un tout. Mais ce mot n'a pas que cette signification *particulière,* et cette signification-là même, il ne l'a pas toujours eue dans une aussi large acception.

Au propre, il signifie, toujours d'après l'Académie, la « relation jour par jour de ce qui se passe ou s'est passé en quelque pays, en quelque endroit, en quelque affaire : *Journal de ce qui s'est passé au conseil sur cette affaire*, *Journal du siége de Candie*, *Journal d'un voyage*, etc. »

A l'origine de la presse périodique, on appela journal « un écrit qui s'imprimait tous les mois, contenant le compte rendu des livres nouveaux et ce qui se passait de plus mémorable dans la république des lettres : le *Journal des savants*. — On donna même, plus tard, le nom de journal à d'autres ouvrages qui s'imprimaient *tous les mois* pour rendre compte des livres nouveaux et des nouvelles publiques quoiqu'ils portassent d'autres titres que celui de journal : *les Journaux de Leipsick*, *les Journaux de Hollande*, *d'Angleterre*.

Ainsi le nom de *Journal* ne s'appliquait dans l'origine qu'aux recueils littéraires, par opposition à celui de *Gazette*, « cahier, feuille volante, qu'on donnait au public *à certains jours de la semaine*, et qui contenait des nouvelles de divers pays : la *Gazette de France*; les *Gazettes de Hollande*; *Gazette imprimée*, *Gazette manuscrite*.

Cette distinction entre les deux noms de *Journal* et de *Gazette* se retrouve en Angleterre, entre les appellations *Journal* et *News papers*, les *papiers-nouvelles*, comme on a dit longtemps en France, et puis, plus simplement, *papiers;* en Allemagne, entre les *Zeitungen* et les *Zeitschriften*.

La dénomination de *Journal* fut ensuite étendue à des publications périodiques à la fois politiques et littéraires, mais qui s'imprimaient seulement tous les mois : c'étaient les *Mercures*, nos *Revues* actuelles.

Enfin on en est venu dans ces derniers temps à comprendre sous cette appellation les écrits périodiques de toutes natures.

Ces écrits peuvent se partager en deux grandes classes, les journaux politiques, qui s'occupent exclusivement de politique, ou, à la fois, de politique et de littérature, d'art, de commerce, d'industrie, etc., et les journaux non politiques, consacrés aux discussions scientifiques, se proposant d'instruire ou d'amuser les lecteurs.

Dans les journaux politiques on distingue les feuilles quotidiennes, les *grands journaux*, comme on les appelle, qui ont voix délibérative sur toutes les questions du moment, et les *Revues*, auxquelles appartient l'étude approfondie des questions politiques et économiques, la haute critique littéraire et artistique, les voyages, la peinture des mœurs et des gouvernements des divers peuples. Entre les grands journaux et les revues se placent certaines publications périodiques paraissant à des intervalles plus ou moins rapprochés, une ou deux fois par semaine, et qui tiennent des uns et des autres. On peut encore ranger dans cette classe ce qu'on appelle la *petite presse*, les *petits journaux*, dont la spécialité est la satire des mœurs, la critique des hommes et des choses.

En France ce qui classe un journal parmi les feuilles politiques, c'est la critique des actes du gouvernement et des partis; en Angleterre c'est la publication des nouvelles du jour. Un bill passé en 1819 considérait comme journaux, et, comme tels, soumis aux divers statuts sur les journaux et aux diverses taxes imposées sur ces écrits, toutes les feuilles ou pamphlets s'occupant de nouvelles ou d'objets politiques ou religieux qui ne paraissaient pas à plus de vingt-six jours d'intervalle, n'excédaient pas deux feuilles d'impression, ou étaient vendus moins de 6 pence.

Les journaux non politiques se divisent en autant de branches qu'en comptent les sciences, la littérature, les arts, le commerce, l'industrie : recueils littéraires, journaux de lecture (*magazines*), journaux de jurisprudence, de médecine, d'agriculture, journaux d'art, de théâtre, de musique, de modes, etc., etc.

Ces principes, ou, si l'on trouvait le mot trop ambitieux, ces prémisses posées, nous serons mieux à même de nous prononcer sur les prétentions réciproques des nations qui se disputent l'honneur d'avoir donné naissance au journal, prétentions qui pour quelques-unes ne reposent que sur une interprétation erronée de ce mot par les écrivains des seizième et dix-septième siècles.

Quatre classes de publications, dit M. Watts dans une des brochures auxquelles j'ai fait allusion, se sont succédé, depuis le quinzième jusqu'au dix-neuvième siècle, auxquelles le nom de journal a été appliqué par différents auteurs :

1° Publications contenant la relation d'un événement de date récente.

2° Publications contenant le récit de plusieurs événements de la même date à peu près, et constituant les nouvelles d'une certaine période.

3° Publications de la nature de ces dernières, mais formant une série par ordre numérique.

4° Enfin, publications non-seulement portant un numéro d'ordre, mais revenant à des intervalles fixes et réglés.

Sur les publications de cette dernière classe tout le monde est d'accord : ce sont les journaux actuels.

Quant à celles de la première et de la seconde classe, on ne peut évidemment pas y voir des journaux. De temps immémorial on a imprimé et colporté, crié dans les rues, de ces papiers contenant la relation de quelque événement, ou même de plusieurs, quand le fait principal ne suffisait pas à remplir le papier : *Crime horrible...*, *Incendie épouvantable...*, *Voilà ce qui vient d'arriver...*, *Voilà le détail exact...*; et ces *canards*, comme on les appelle vulgairement en France, ne sauraient être rangés parmi les journaux.

Mais il me paraît difficile de refuser le caractère de journal aux publications de la troisième classe, à une publication de la nature, par exemple, des *Nouvelles indiennes*, que l'on fait paraître, à Londres, toutes les fois que la malle arrive, dont la périodicité, par conséquent, est irrégulière, mais qui forment une suite numérotée et ont tous les autres caractères du journal.

En France, dans les premières années du retour des Bourbons, quelques écrivains, pour se soustraire à la censure et aux taxes mises sur les journaux, avaient imaginé précisément des publications de cette nature, qu'on appela *semi-périodiques* : au lieu d'annoncer, par exemple, que leur publication paraîtrait tous les dimanches ou tous les jeudis, ils annonçaient qu'elle paraîtrait cinquante-deux fois par an, et ils la mettaient en circulation tantôt un jour de la semaine, tantôt un autre : c'est ainsi, par exemple, que parut la *Minerve*, cette Ménippée de la Restauration. On échappait de cette façon à la lettre de la loi, mais non à son esprit ; aussi la justice, à laquelle le gouvernement finit par déférer ce subterfuge, décida qu'on devait considérer comme journal tout écrit paraissant à des époques successives, déterminées ou indéterminées, et qui, par son titre, son plan et son esprit, formait un ensemble et un tout.

Mais, pour qu'une publication réunissant les conditions que je viens de dire soit réputée journal, est-il nécessaire qu'elle soit imprimée? En d'autres termes, peut-il y avoir des journaux manuscrits?

M. Watts ne se prononce pas sur cette question ; un historien de la presse allemande dont nous parlerons bientôt, le docteur Prutz, se déclare pour la négative.

Cependant le doute est bien permis, même abstraction faite du point de vue juridique, car aux yeux de la justice la question ne serait nullement douteuse. Sans doute l'imprimerie seule pouvait faire le journal ce qu'il est, lui donner cette amplitude, cette rapide et immense circulation que nous lui voyons aujourd'hui. Mais ce qui constitue un journal, ce n'est ni la grandeur de son format, ni le nombre de ses abonnés ; c'est son contenu. Supposons, par impossible, que le *Journal des débats*, son contenu et sa périodicité restant les mêmes, soit manuscrit au lieu d'être imprimé, qu'au lieu de 10 à 12,000 abonnés, il n'en ait que 100, que 20, — et combien de journaux n'en ont jamais eu davantage ! — cesserait-il pour cela d'être un journal ? Évidemment non.

La question a son importance. Si, en effet, on admet qu'un journal puisse être manuscrit, — et je ne vois pas comment on pourrait le dénier, — ce ne serait ni à Venise ni à Nuremberg, ni en Hollande ni en Angleterre, qu'il faudrait placer le berceau du journal, mais, quoi qu'on en ait pu dire, et peut-être même encore sous la réserve de découvertes ultérieures possibles, sur les bords du Tibre, dans la ville de Romulus.

On peut en effet supposer avec une assez grande apparence de raison, comme je l'ai déjà dit, que les peuples de l'antiquité qui atteignirent un certain degré de civilisation durent avoir quelque chose faisant chez eux l'office du journal : abstraction faite, en effet, de la curiosité publique, les gouvernements ont eu besoin, de tout temps et en tous pays, de porter leurs lois et leurs actes à la connaissance des gouvernés.

Des anciens dominateurs de l'Asie nous ne savons rien, sinon que les Babyloniens, si l'on en croit Josèphe, auraient eu des historiographes chargés d'écrire *jour par jour* le récit des événements publics, et ce serait d'après ces matériaux qu'au témoignage du même auteur (*Réponse au grammairien Apien*, I, VI), Bérose aurait écrit son *Histoire de Chaldée*.

L'histoire des Grecs est également muette sur ce chapitré; on sait seulement qu'ils avaient des Éphémérides, sorte d'annales historiques; mais on est à peu près d'accord pour leur refuser l'usage dès journaux.

Les Romains étaient beaucoup plus avancés sous ce rapport, et nous sommes aussi mieux renseignés quant à leurs moyens de publicité, grâce aux nombreux témoignages que nous en ont laissés leurs historiens, grâce aussi aux savantes et curieuses révélations de Bœttinger, de Beckmann, et surtout de M. Victor Leclerc, qui a publié sur ce sujet une étude pleine d'esprit autant que d'érudition.

Dès les premiers temps de Rome, suivant le savant académicien, le grand pontife, afin de conserver les souvenirs publics, recueillait tous les événements de chaque année, et les écrivait sur une table blanchie, qu'il exposait dans sa maison, pour que le peuple pût la consulter. Ces tablettes portaient en tête les noms des consuls et des autres magistrats; elles contenaient tout ce qui concernait les aruspices, les cérémonies, les comices, les appels, le sénat, les affaires militaires et tout ce qui fait l'objet des lois; on y trouvait enregistrés les triomphes et les statues décernés comme récompense publique, la dédicace des temples et autres monuments, les fléaux, les éclipses, les prodiges de toute nature, qui devaient nécessairement occuper une large place dans des annales rédigées par le chef suprême du sacerdoce romain.

Rome, pendant plusieurs siècles, n'eut pas d'autre histoire que ces annales des pontifes. Mais, quand sa domination se fut étendue sur le monde presque tout entier, que la vie politique s'y fut développée en conséquence, le besoin de plus puissants instruments de publicité n'avait pas tardé à se faire sentir. On vit alors se produire, sous le nom d'*Acta diurna*, une sorte de feuille publique ayant avec nos journaux une analogie que ne présentaient pas les annales. Tandis que celles-ci, en effet, dont le caractère était éminemment sacré, n'enregistraient, en général, que les faits les plus mémorables de l'histoire, les *Acta* donnèrent place aux moindres détails qui étaient de nature à inspirer quelque intérêt, même éphémère, et, point capital, leur publication, au dire de Suétone, serait devenue quotidienne à partir de la dictature de Jules César.

Dans l'origine, ces publications, dites d'abord *Acta publica*, n'étaient guère que les procès-verbaux des assemblées du sénat et du peuple, avec des extraits ou des analyses des discours et des projets de loi; mais leur cadre s'était insensiblement agrandi pour faire place à tout ce qui pouvait piquer la curiosité publique. Ainsi on y trouvait, dit-on, comme dans nos feuilles modernes, les cérémonies funèbres, les incendies, les exécutions, les pluies de pierres, les banqueroutes, les longévités et les fécondités extraordinaires, les nominations des magistrats, le récit des événements militaires et la description des fêtes, des jeux publics, les rivalités des cochers du Cirque, les succès ou la chute des acteurs, et il ressort d'un passage de Tacite, parlant de l'avidité avec laquelle on lisait les *diurna* « pour y voir ce que n'avait point fait Thraséas » — lequel, comme on le sait, avait osé protester par son abstention contre les félicitations portées à Néron par le sénat sur la mort d'Agrippine — que, s'ils ne se livraient pas à la discussion des actes politiques et à la critique des hommes publics, ils enregistraient du moins les actions les plus importantes des personnages considérables.

Les Romains, du reste, n'avaient pas tardé à comprendre le parti que la vanité pouvait tirer de ce nouvel agent de la renommée : avaient-ils fait le moindre don à un temple, ils envoyaient aux journaux une note où était célébrée leur munificence. L'orgueil de Livie, si l'on en croit Dion Cassius (LVII, XII), lui avait suggéré l'idée de faire insérer dans les *Acta* les noms de tous les sénateurs, et même des hommes du peuple, qui avaient été admis le matin à l'honneur de la saluer, et la mère de Néron, Agrippine, en agit de même. Il résulte enfin d'un passage de Juvénal que les *Acta* étaient devenus de son temps d'une assez grande étendue, car il nous parle d'une dame romaine qui passait sa matinée à lire le journal : *longi relegit transversa diurni* (VI, 483).

L'importance qu'avaient prise, ou, pour mieux dire, qu'auraient pu prendre les journaux à Rome, si les maîtres du gouvernement leur avaient laissé libre carrière, résulte encore de ce fait signalé par Dion Cassius (LVII, XXI, et LXVII, XI), que Tibère et Domitien surveillaient avec soin la publication des journaux, pour qu'il n'y parût rien de contraire à leurs vues ou à leur domination. Le premier, toujours au même témoignage, faisait écrire, ou écrivait lui-même, dans ces recueils publics de nouvelles, mais pour y consigner ce qu'on avait dit contre lui, quelquefois même ce qu'on n'avait pas dit, et préparer ainsi des prétextes à sa vengeance. Commode, au contraire, prenait un insolent plaisir à faire raconter par les journaux de Rome toutes ses cruautés et toutes ses infamies.

Il n'est pas besoin de dire combien ces feuilles devaient être recherchées, et l'on ne s'étonnera point que la spéculation s'en soit emparée. Il est probable, en effet, que dans l'origine la publicité en était fort restreinte. Les citoyens riches avaient des esclaves dont l'occupation était de copier chaque jour les *diurna* et de leur rapporter le bulletin quotidien des affaires publiques ou des sentences des tribunaux, recueillies et résumées par les *actuarii* ou sténographes, ainsi que les diverses nouvelles du jour : décès, naissances illustres, mariages ou divorces, et les mille autres petits faits qu'ils apprenaient de la bouche des nouvellistes. Plus tard, des industriels firent commerce de ces copies des *Acta*, et Tacite nous apprend qu'on les envoyait dans les provinces et jusque dans les armées : *Diurna populi romani per provincias, per exercitus leguntur* (*Annales*, XVI, XXII). Les auteurs du temps, Cicéron entre autres, parlent de ces entrepreneurs de publicité, et nommément d'un certain Chrestus, dont la feuille, *compilatio*, était célèbre et très-répandue.

Sans doute il y a loin encore de cette publication au journal dans le sens que l'on attache à ce mot chez les nations modernes, et qui emporte naturellement avec lui une idée de polémique et de discussion, même dans les pays soumis à l'autorité la plus absolue; il n'y avait à Rome que le journal en quelque sorte rudimentaire, un extrait de moniteur, de petites affiches et de gazette des tribunaux, le vestige de l'organe plutôt que l'organe puissant et vivant. Cependant, si lointaine que soit la parenté entre ces embryons et nos journaux, on ne peut nier l'analogie que présentent ces deux créations, nées évidemment des mêmes besoins, mais qui se sont produites dans des temps si éloignés l'un de l'autre, et dans des circonstances si diverses sous tous les rapports.

Du reste, rien ne nous est parvenu qui nous puisse donner une idée de la contexture de ces gazettes romaines. On en trouve bien des extraits cités dans l'appendice des *Prælectiones camdenianæ* de Henri Dodwell (p. 665-690); mais Ernesti, dans son édition de Suétone, Leipsick, 1748, et après lui M. Victor Leclerc, ont prouvé d'une manière décisive que ces fragments, auxquels les savants s'étaient longtemps laissé prendre, n'étaient qu'une habile supposition et un pastiche d'érudition fort adroitement exécuté.

Les *Acta diurna* paraissent s'être continués, à travers des vicissitudes diverses, jusqu'aux derniers empereurs. Quand l'empire tomba, les journaux disparurent : le journal est le signe et le besoin de la vie commune, et les Barbares, après la conquête, dispersés avec les vaincus sur leurs propriétés, ne conservèrent entre eux aucun lien de civilisation; et pour les moyens d'information, ils étaient probablement, chez tous ces peuples nouveaux, aussi élémentaires que ceux que César trouva en usage dans les Gaules quand il y pénétra : « Les Gaulois, qui étaient, dit-il, très-avides de nouvelles, couraient après les voyageurs, et les forçaient de s'arrêter pour leur apprendre ce qu'ils savaient de nouveau. » On n'ignore pas, du reste, combien la vie politique sommeilla longtemps chez les nations modernes.

La trace du journal nous échappe donc durant tout le moyen âge. Il ne manqua jamais sans doute, même alors, de journaux privés : on écrivait à la dernière page de sa Bible ses bons ou mauvais jours; le moine ou le bourgeois notaient dans l'ombre les événements mémorables ou singuliers. Mais lorsqu'on entend par journal une feuille plus ou moins régulière, périodiquement publiée, il faut descendre jusqu'aux premières années du dix-septième siècle, cent cinquante ans après l'invention de l'imprimerie, pour trouver quelque chose qui mérite réellement ce nom.

On ne peut douter néanmoins qu'il n'y ait eu bien auparavant, dans presque tous les pays, des sortes de gazettes manuscrites, des lettres de nouvelles, des papiers-nouvelles, des nouvelles à la main. C'est une croyance générale, ayant pour elle tout du moins la vraisemblance, à défaut de preuves matérielles, qui manquent presque absolument. On en connaît cependant deux spécimens, dans des genres divers, mais l'un et l'autre de la plus haute importance, à Venise et à Francfort.

Suivant une tradition à peu près unanime, le journal moderne serait né à Venise. Cette tradition s'appuie principalement sur l'étymologie du mot *gazette, gazetta,* dont on s'est longtemps servi pour désigner les feuilles politiques, et qui semble incontestablement un mot vénitien. Quant aux détails concernant ces premières gazettes, l'unanimité est loin d'être aussi entière.

Voltaire, dans l'*Encyclopédie méthodique*,

au mot *Gazette*, s'exprime ainsi. « GAZETTE. Relation des affaires publiques. Ce fut au commencement du dix-septième siècle que cet usage utile fut inventé à Venise, dans le temps que l'Italie était encore le centre des négociations de l'Europe, et que Venise était toujours l'asile de la liberté. On appela ces feuilles, qu'on donnait une fois par semaine, *gazettes*, du nom de *gazetta*, petite monnaie, revenant à un de nos demi-sous, qui avait cours alors à Venise. » — Et il ajoute : « Cet exemple fut ensuite imité de toutes les grandes villes de l'Europe. De tels journaux étaient établis à la Chine de temps immémorial ; on y imprime tous les jours la gazette de l'empire par ordre de la cour. »

C'est bientôt dit. Des écrivains un peu moins superficiels que l'illustre philosophe, entre autres le savant Chalmers, placent la naissance du journal au commencement, non pas du dix-septième siècle, mais du seizième ; ils vont jusqu'à préciser l'année : ce serait en 1536 qu'aurait paru à Venise le premier journal public de l'Europe moderne ; mais, ajoutent-ils, l'ombrageuse autorité des Dix aurait forcé les rédacteurs à le faire circuler manuscrit.

« Les affaires d'Italie, dit le comte Daru dans son *Histoire de Venise* (liv. XL), les guerres avec les Turcs, intéressaient toute la chrétienté ; Venise était le point où arrivaient les nouvelles du Levant, et souvent le théâtre des négociations : un de ses citoyens imagina de mettre à contribution la curiosité publique, en distribuant des feuilles imprimées. »

Enfin, d'après une autre version, la plus répandue, que l'on trouve stéréotypée dans toutes les encyclopédies, ce serait le gouvernement de Venise lui-même qui, au temps des guerres contre les Turcs, pour satisfaire la légitime curiosité des citoyens, aurait fait lire sur la place publique, disent les uns, un résumé des nouvelles qu'il recevait du théâtre de la guerre ; selon d'autres, aurait fait déposer en certains endroits des bulletins écrits, *notizie scritte*, où ces nouvelles étaient consignées, et on donnait une petite pièce de monnaie appelée *gazzetta* pour assister à cette lecture, ou pour prendre connaissance de ces bulletins, ou même pour les acheter.

Telle est, avec ses variantes, l'opinion la plus généralement répandue, et il serait presque à désirer qu'elle fût vraie. Ne serait-il pas curieux, en effet, que le journal moderne, ce raisonneur bruyant et bavard, cet instrument de discussion et de publicité, soit né, ait bégayé ses premiers mots, dans un pays qui avait fait du silence le dogme fondamental de sa politique ? N'eût-il pas été piquant de voir le gouvernement absolu et mystérieux de Venise, le défiant et soupçonneux conseil des Dix, encourager les premiers essais de ces petites feuilles destinées à devenir les plus formidables machines de guerre qui aient jamais été inventées contre l'autorité des gouvernements ? Mais la logique ne permet guère d'admettre une pareille supposition.

Quoi qu'il en soit, j'étais, on le pense bien, très-désireux de savoir ce qu'il pouvait y avoir de vrai au fond de tout cela, ce qu'on en pense, ce qu'on en sait à Venise. Je m'adressai dans ce but au savant conservateur de la Bibliothèque Saint-Marc, et voici en substance ce qu'a bien voulu me répondre l'honorable M. Valentinelli :

« La question que vous me posez semblerait ne pouvoir être nulle part mieux élucidée qu'ici, où elle est sur son terrain propre ; malheureusement, les documents à l'appui font presque absolument défaut, et l'on en est réduit à une tradition qui, en passant de bouche en bouche, n'a pu manquer de s'amplifier, et que les étrangers ont à l'envi couverte de broderies poétiques. Voici cependant quelques faits dont je vous garantis l'authenticité, et dont vous tirerez les inductions que vous trouverez les plus plausibles.

« Il est certain que dès un temps bien antérieur à la découverte de l'imprimerie, mais qu'on ne saurait autrement préciser, le sénat de Venise faisait rédiger des notices sommaires des faits advenus dans la ville et dans l'État, auxquels étaient ajoutés ceux qui lui étaient communiqués par les capitaines de mer, les provéditeurs, les recteurs, les comtes, les podestats et capitaines, les ambassadeurs, les vidames, les consuls commerciaux, etc., lesquelles notices étaient transmises aux agents diplomatiques de la république près des cours étrangères pour les éclairer dans les négociations touchant les affaires internationales. On appela ces notices *Foglietti* ou *Fogli d'avvisi*, Petites Feuilles, Feuilles d'avis.

« Plus tard, à une époque qu'on ne saurait déterminer, mais bien postérieure à leur institution, il était fait de ces avis des copies à l'usage des particuliers, et cette diffusion donna naissance à un corps de copistes qu'on nomma *scrittori d'avvisi*. Mais je regarde comme insoutenable l'opinion qui voudrait que ces notices aient été livrées à la curiosité publique moyennant la rétribution d'une *gazzetta* : cela est tout à fait en opposition avec la nature soupçonneuse du gouvernement d'alors, qui ne souffrait qu'à grand'peine, et seulement en faveur des patriciens, la circulation de ces notices, qu'il ne permit jamais d'imprimer.

« Ces Avis, en effet, sont toujours restés manuscrits, même après l'invention de l'imprimerie, et jusqu'à la chute de la république. Il ne faut donc pas les confondre avec les *Relazioni*, consacrées, depuis l'invention de l'imprimerie, à la relation de faits particuliers, intérieurs ou extérieurs, comme batailles, assassinats, faits commerciaux, etc.

« Des recueils de ces Feuilles d'avis se sont conservés dans quelques bibliothèques publiques et particulières, notamment au Musée Correr, l'hôtel de Cluni de Venise. La Marciana en a un volume contenant les années 1595-1597. On n'y retrouve pas seulement les faits capitaux, qui ont été racontés par les historiens, mais on y rencontre une foule de petits faits négligés par ceux-ci et qui méritent cependant d'être conservés. On y insérait aussi des documents historiques : ainsi on trouve dans le recueil de la Marciana une lettre du roi Henri au pape Clément VIII, en date du 12 novembre 1595, par laquelle il le remercie de l'absolution qu'il lui a accordée. »

En résumé, pour M. Valentinelli les *Fogli d'avvisi* sont incontestablement les premiers journaux politiques de l'Europe. Tout le monde sans doute ne partagera pas cette opinion ; le docteur Prutz, par exemple, refuse de voir des journaux dans ces feuilles, par le motif qu'elles étaient manuscrites ; on pourrait objecter encore leur peu de diffusion, et plus encore l'irrégularité de leur publication, car elles ne paraissaient pas à des époques fixes, mais à des intervalles plus ou moins rapprochés, suivant les besoins ou les circonstances. Quoi qu'il en soit, il faut bien convenir que, si on n'avait pas encore là le vrai journal, du moins on y touchait de fort près.

Et maintenant, ces feuilles, qui authentiquement n'ont jamais eu d'autre titre que celui de *Fogli d'avvisi*, ont-elles été désignées dans l'usage par le nom de *gazettes*, et si oui, à quelle époque ce nom aurait-il été introduit? Si, dit M. Valentinelli, nous consultons les flambeaux de l'histoire vénitienne connus des étrangers, *nostri illustratori di cose venete*, les *avvisi* auraient été effectivement appelés *gazzette*, parce qu'on les payait une monnaie dite *gazzetta*, équivalant à deux sous vénitiens, un sou de France. Quant à l'époque où cette appellation aurait commencé à prévaloir dans le langage vulgaire, le savant bibliothécaire de Saint-Marc ne peut dire qu'une chose, c'est que la première *gazzetta*, la première monnaie de ce nom, fut frappée en 1536 — que l'on veuille bien remarquer cette date : c'est précisément celle assignée à la naissance des gazettes vénitiennes par certains auteurs, qui auront probablement confondu la monnaie avec le journal — et que le premier journal vénitien qui ait porté le nom de *Gazzetta* n'apparaît que plus d'un siècle après, en 1760, quand notre Gazette comptait déjà près de cent trente ans d'existence.

Et ce mot de *gazette* se trouve dans notre langue bien avant l'établissement de notre premier journal, auquel son fondateur donna ce nom de Gazette « pour être plus connu, parce qu'il était plus connu du vulgaire, avec lequel il fallait parler. » La première fois que je le rencontre, c'est dans un pamphlet intitulé *la Flandre conservée*, contenant un discours en forme de lettre des desseings et événements de l'armée rebelle en l'année 1600 (*Arras*, 1600); on y lit cette phrase : « L'infanterie souffrait mille incommoditez, combien que les faiseurs de gazettes asseurent qu'il y a eu parmi cela quelque terreur panique. »

A quatre ans de là un écrivain foresien, Marcellin Allard, publiait une *Gazzette françoise*. Ce titre, d'ailleurs fort remarquable, pourrait faire croire à un journal, mais il n'en est rien ; c'est une sorte de salmigondis, de pot-pourri, comme l'auteur le dit lui-même, contenant l'histoire allégorique de Saint-Étienne. « Que doit donc attendre celui qui, « ayant vu à l'ouverture de ce livre le mot « *Gazette*, qui n'est autre chose que nou- « velles et advis sans suite ny sans ordre, « selon que le temps les produit, et quel- « quefois la fantaisie, voudrait néanmoins y « voir observer les parties et perfections cos- « mographiques... C'est ici non-seulement « une sorte de *saugrenée* ou *pot-pourri*, con- « tenant toutes sortes d'instructions et de « discours agréables en leur diverse variété, « et riches en leur recherche curieuse, mais « l'histoire admirable d'une guerre faite à « tout rompre... » C'est « un petit bouquet « qu'il a fait de diverses fleurs recueillies en « divers florissants jardins, et lié de la soie « crue de son industrie. »

Ce passage est surtout précieux en ce qu'i donne une idée très-nette de ce qu'on entendait alors par gazette : c'étaient — par opposition sans doute aux récits suivis de l'histoire — des nouvelles et avis sans suite ni ordre, suivant que le temps les apportait ; la fantaisie brochait quelquefois sur le tout, mais encore fallait-il observer certaines règles, bien connaître son *monde*. N'est-ce donc pas là déjà le journal, sauf la polémique, la feuille de nouvelles?

Si même l'on en croyait une pièce, en vers, faisant partie de la collection de M. Viollet-Leduc : La Gazette; *Paris, jouxte la copie imprimée à Rouen par Jean Petit*, 1409 (1609 ?), certaines gazettes auraient dès ces premières années du dix-septième siècle affecté la forme et le ton de nos chroniques et courriers. Cette pièce, que je ne connais que par le catalogue du savant bibliophile, est donnée par lui comme « une sorte de satire en forme de programme des gazettes à la main, et dans ce programme, dit-il, comme dans tous ceux que l'on fait aujourd'hui, on promettait beaucoup plus que l'on ne voulait et que l'on ne pouvait tenir. » On y fait même tant de promesses, et des promesses de telle nature, qu'on hésite à croire à l'authenticité de cette pièce, de sa date tout du moins. La Gazette, y lit-on,

La Gazette en ces vers
Contente les cervelles,
Car de tout l'univers
Elle reçoit nouvelles. . . . .
La Gazette a mille courriers
Qui logent partout sans fourriers.

Après les nouvelles politiques,

Les édits, déclarations,
Les duels, les commissions,
Les pardons pleiniers et les bulles,
Ambassadeurs venus en mules,

viennent les affaires particulières, « les malheurs, les prospérités, les deuils de cour, les morts subites des seigneurs », etc.

Quoi que ce soit, rien ne s'oublie,
Car la Gazette multiplie
Sans relasche les postillons
Vistes comme les aquilons.

Il n'y a pas jusqu'aux modes qui n'aient leur chapitre, et longue est la kyrielle

des méthodes.
Des inventions et des modes.
De *cheveux neufs* à qui les veut,
De fausse gorge à qui ne peut...
De sangles à roidir le busc, etc., etc.

Quoi qu'il en soit, le mot de *Gazette* devait être, à l'époque où parurent ces trois pièces, encore bien nouveau, car il ne figure pas dans le *Thrésor de la langue françoise* de Nicot, publié en 1606.

Mais d'où nous serait donc venu ce mot, si ce n'est pas de Venise? Quelques mauvaises langues voudraient que les gazettes eussent pris leur nom de celui d'un oiseau babillard, la pie, *gazza;* c'est peut-être un peu bien spirituel. D'autres, plus forts, le font dériver d'un mot hébreu, corrompu et renversé, *izgard*, qui signifie *nuntius*, messager. C'est bien le cas de répéter l'épigramme fameuse décochée contre Ménage par le chevalier de Cailly :

Alfana vient d'*equus* sans doute;
Mais il faut convenir aussi
Qu'en venant de là jusqu'ici,
Il a bien changé sur la route.

A ces étymologies déjà anciennes, M. Garcin de Tassy est venu récemment en ajouter une autre. Dans le discours d'ouverture de son cours d'hindoustani en 1861, le savant orientaliste, parlant des gazettes hindoustanies, est amené à « faire observer en passant que cette expression *gazette* est indo-persane; elle dérive en effet, dit-il, du mot *Kâged* ou *Kâgiz*, « papier », mot qui, au pluriel, s'emploie, même en français, dans le sens de « journaux ». A la bonne heure, voilà qui est beaucoup plus plausible; mais je crois que bien des gens continueront à incliner pour l'étymologie vénitienne, trouvant qu'il y a infiniment moins loin de Venise que de Téhéran à Paris, infiniment moins loin de *gazzetta* que de *kâged* ou de *Kagaz* à gazette.

Mais il est temps que nous revenions aux gazettes vénitiennes. Je n'ai plus, du reste à faire à leur sujet qu'une remarque que tout le monde aura déjà faite : je veux parler de la grande analogie que les *avvizi* de Venise présentent avec les *Acta* de Rome. Les deux publications émanent également de l'autorité suprême ; elles ont l'une et l'autre dans l'origine un caractère purement officiel; ce n'est qu'à la longue qu'ici et là ce caractère s'affaiblit, sans pourtant jamais disparaître, et que la diffusion de ces sortes de Moniteurs est permise, ou plutôt tolérée; mais, différence remarquable, à Venise c'est en faveur des patriciens qu'est faite cette concession; à Rome, c'avait été en faveur du peuple : aussi les faits divers, la chronique, occupent-ils plus de place dans les feuilles de Rome que dans celles de Venise.

C'est la politique qui avait inspiré les *Avvizi*, comme elle avait inspiré les *Acta*. Vers la même époque, des intérêts d'un autre ordre donnaient naissance en Allemagne à quelque chose qu'on a voulu ranger parmi les journaux, et que je ne saurais, par conséquent, passer sous silence. Ce sont les lettres de commerce, les relations commerciales, qui, selon le *Conversations Lexikon* de Brockhaus, commencèrent à se répandre dans la seconde moitié du seizième siècle. « Les Fugger, y lit-on, dont le commerce s'étendait sur tout le monde d'alors, publiaient de temps en temps de ces relations à Augsbourg. Un recueil de 28 volumes de ces nouvelles, de 1568 à 1604, vint en 1656 à Vienne, avec la bibliothèque de la famille Fugger. » Cette énonciation d'une Encyclopédie justement autorisée, et dont les auteurs sont très en position de savoir exactement les choses de l'Allemagne, se trouve singulièrement embellie dans un article de l'*Athenæum français* du 2 septembre 1854, article dont je crois devoir reproduire la substance, mais sous toutes réserves.

« A l'époque où le gouvernement de Venise publiait les *Notizie scritte*, dit l'auteur, M. Sichel, les grandes maisons de commerce de l'Allemagne commençaient déjà à faire multiplier par des copies et à échanger leurs rapports commerciaux, afin de se tenir au courant des événements politiques de nature à influencer les affaires.

« Parmi ces relations écrites, qui *représentaient les premiers essais du journalisme*, celles qui furent rédigées à Augsbourg sous les auspices de la maison des Fugger prenaient à la fin du seizième siècle une forme et une étendue qui les rapprochaient déjà de nos journaux modernes. Presque tous les jours il en paraissait un numéro sous le titre de *Ordinari Zeittungen*, et à côté d'eux des suppléments, *Extraordinari Zeittungen*, avec les nouvelles les plus récentes. Le prix d'un numéro ou d'un supplément était, à Augsbourg même, de 4 kreuzers; toute l'année, y compris les frais de distribution à domicile, se payait 25 florins, et les *Ordinari Zeittungen* seuls 14 florins.

« Une collection de ces premiers journaux d'Augsbourg, qui embrasse les années 1568-1604, a été conservée à la bibliothèque de Vienne, et présente une source très-précieuse pour l'histoire de cette époque.

« L'abondance des nouvelles contenues dans cette collection s'expliquerait par les rapports très-étendus de la maison Fugger. Elle avait des agents dans toutes les parties du monde, et entretenait une correspondance quotidienne avec toutes les grandes maisons de commerce. Ses affaires de change et d'emprunt lui faisaient jouer un rôle important dans le monde politique, et la mettaient en rapport avec beaucoup de gouvernements, avec nombre d'hommes d'État et de parti. Enfin, elle s'était assuré par de nombreux services l'affection des jésuites, et recevait fréquemment de cette société, qui commençait à se répandre sur le monde entier, des communications confidentielles. Grâce à elle, l'histoire de l'orient de l'Europe occupêrait surtout une grande place dans ces *journaux*; ils avaient aussi de temps en temps, par son canal, des nouvelles d'outre-mer, de la Perse, de la Chine, du Japon, de l'Amérique.

« Les correspondants se seraient même envoyé des nouvelles littéraires, annonçant les livres curieux et en donnant des extraits; la représentation d'une nouvelle comédie y serait souvent mentionnée. Les rapports sur la récolte y seraient très-fréquents, de même que les tableaux du prix du blé et d'autres denrées. Enfin il n'y aurait pas jusqu'aux réclames et aux annonces qu'on n'y rencontrerait de temps en temps; il s'y trouverait un long registre *Comment et où toutes les choses sont maintenant à acheter à Vienne*. »

Bref, si l'on prenait à la lettre le dire de M. Sichel, l'Europe n'aurait fait que suivre, et suivre bien tardivement et de bien loin, l'Allemagne dans la voie de la presse

Qu'y a-t-il de vrai au fond de tout cela? J'avais espéré l'apprendre en m'adressant à M. le conservateur de la bibliothèque impériale de Vienne; c'était une vérification qui me semblait pouvoir être faite en quelques instants : il suffisait d'un coup d'œil sur la collection Fugger. J'ai dit comment mon attente a été trompée. Je demeure donc dans mon incertitude, ou plutôt, le dirai-je? dans mon incrédulité.

Tout cela, en effet, me paraît trop beau, trop parfait, pour que j'y puisse ajouter aveuglément foi. J'ai peine à croire, notamment, à cette indication d'un prix d'abonnement qui ne se rencontre sur aucun des anciens journaux, des vrais journaux imprimés. J'ai peine à croire surtout à cette périodicité quotidienne, que dis-je? plus que quotidienne, d'une feuille manuscrite contenant toutes ces matières politiques, littéraires et commerciales, et dont la reproduction par des copies devait être d'autant moins rapide que, au dire de M. Sichel lui-même, les *Zeittungen* n'étaient pas écrits dans une langue unique, qu'il y règne, au contraire, sous ce rapport la plus grande diversité : la plupart des lettres sont écrites dans l'idiome du pays d'où elles émanent; beaucoup le sont en italien, la langue commerciale de l'époque; les communications des savants et des ecclésiastiques sont faites dans un latin plus ou moins intelligible.

Quoi qu'il en soit, j'ai cru devoir rapporter ces assertions, pour mettre ceux qu'elles intéresseraient, et qui seraient en position de les contrôler, à même de les confirmer ou de les contredire.

J'ai vu d'ailleurs dans les correspondances commerciales un élément que je devais signaler, d'autant plus qu'il est moins commun. L'élément qui domine généralement dans les premières gazettes manuscrites, c'est l'élément politique ou religieux, et quand elles n'ont pas pour but de satisfaire un de ces grands intérêts, c'est surtout à la curiosité qu'elles s'adressent.

La passion des nouvelles est probablement aussi ancienne que le monde, et de tout temps il a dû se trouver des hommes pour spéculer sur cette passion. Elle devait être d'autant plus vive que les moyens de communication étaient plus incomplets. Au moyen âge ce besoin fut surexcité encore par les guerres civiles, par les guerres religieuses, surtout, qui rapprochaient les nations par un intérêt commun; c'est, en effet, au milieu de leurs fiévreuses agitations que se montrent les politiqueurs, les nouvellistes, les gazetiers, et que les gazettes à la main commencent à circuler en grand nombre en Europe.

Sous la pression des événements, le nouvellisme, qui d'abord n'avait été qu'une manie de curieux ou d'oisifs, était devenu un métier. En France, par exemple, les grands personnages avaient à leurs gages, comme ceux de Rome, des coureurs de nouvelles chargés de les tenir au courant des bruits de la ville; on avait un nouvelliste comme on avait un maître d'hôtel ou un cocher : c'était un meuble de grande maison. On lit cette mention dans un compte manuscrit des recettes et dépenses du duc de Mazarin : « Au sieur Portail, pour les nouvelles qu'il fournit toutes les semaines par ordre de monseigneur, et pour cinq mois, à 10 livres par mois, 50 livres. » Il nous est resté un monument remarquable de ces sortes de gazettes domestiques dans les Lettres en vers de Loret, sur lesquelles nous aurons occasion de revenir, lettres écrites uniquement, dans l'origine, pour Mlle de Longueville, dont le poëte normand était le nouvelliste gagé.

Mais c'était là un luxe que tout le monde ne pouvait pas se payer. Aussi le besoin de se renseigner avait-il fait organiser sur divers points de Paris des centres auxquels venaient aboutir, comme à un commun écho, tous les bruits sur les choses de l'intérieur et de l'extérieur.

Dans l'origine, les nouvellistes se bornaient à se communiquer les nouvelles qu'ils avaient recueillies, chacun de son côté, ou tirées de leur imagination, et, en se séparant, ils les répandaient de vive voix par la ville. Mais bientôt on en était venu, dans la plupart des cercles, à en tenir registre; on en fit une sorte de journal, dont les copies manuscrites circulaient plus ou moins ostensiblement dans la ville. Ces gazettes manuscrites sont connues dans notre histoire intime sous le nom de *Nouvelles à la main*. Le commerce s'en était même, à la fin, régularisé, autant que le permettait leur nature clandestine; chaque cercle avait son bureau de rédaction et de copie, ses correspondants en province, et les gazettes manuscrites, ou gazetins, comptaient un assez grand nombre d'abonnés, auxquels on les adressait moyennant une somme qui variait suivant qu'elles se composaient de plus ou moins de pages.

Il semblerait que les nouvelles à la main eussent dû disparaître devant les gazettes imprimées. Il n'en fut rien cependant, grâce à l'avantage qu'elles avaient sur ces dernières d'être beaucoup plus libres et plus complètes, de pouvoir faire circuler les nouvelles dont la censure ou l'autorité supérieure n'auraient pas permis la publication. Cette liberté suffit pour les soutenir, et elles persistèrent longtemps, malgré les arrêts des tribunaux, malgré la chasse que lui donnèrent les rédacteurs de notre gazette privilégiée, qui auraient voulu, au dire d'un pamphlétaire, « faire pendre tous les faiseurs de gazettes à la main, d'autant plus qu'ils étaient cause qu'il ne se vendait guère de leur gazette imprimée ».

Le même fait se produisit en Angleterre, où la presse, cependant, était relativement beaucoup plus libre. Chez nos voisins d'outre-mer, comme sur le continent, le vrai journal se fit longtemps par correspondance; là aussi les grands personnages avaient des correspondants attitrés, et cet usage y avait également introduit l'industrie des lettres circulaires et des nouvelles à la main. La noblesse des comtés, qui venait rarement à la cour, n'avait guère d'autre moyen d'information que les lettres circulaires, et les établissements publics, les cafés, avaient soin d'en recevoir quelqu'une, afin de se créer, par l'appât de la curiosité, une clientèle plus élevée. Il fallut longtemps pour que la feuille imprimée se substituât complétement à la gazette manuscrite des nouvellistes; et les raisons en sont bien simples. Les premiers journalistes étaient fort mal informés, et quiconque approchait un peu des grands était mieux instruit qu'eux. Et puis, dans la crainte d'attirer sur leur tête les foudres de la chambre étoilée, ils s'aventuraient rarement à parler des affaires intérieures; les nouvellistes, au contraire, en faisaient le principal sujet de leurs lettres, et non-seulement ils racontaient les faits, mais ils y joignaient des jugements, des appréciations, qu'ils n'eussent osé imprimer. Les Lettres de nouvelles, *News-Letters*, comme on les appelait, étaient donc beaucoup plus intéressantes que le journal imprimé, et pendant un demi-siècle elles lui demeurèrent fort supérieures en circulation et en importance. Une feuille du temps, l'*Evening-Post*, s'étonne que bien des gens en province consentent à payer 3 et 4 livres par an (75 et 100 fr.) pour recevoir une correspondance, lorsqu'un bon journal leur coûterait beaucoup moins. Ce fut au point que plusieurs feuilles, pour faire concurrence aux nouvelles à la main, avaient imaginé de paraître avec deux pages imprimées et deux pages en blanc, afin qu'on pût se servir de son journal en guise de papier à lettres, et envoyer les nouvelles du jour à ses amis chaque fois qu'on leur écrivait. Ces journaux se vendaient 2 pence ou 20 centimes le numéro.

En France, ce qui surtout fit la fortune des nouvelles à la main, indépendamment des restrictions apportées à la liberté de la presse, ce fut leur caractère généralement satirique ; c'est de scandale que vivaient la plupart de ces gazettes clandestines. Souvent néanmoins ce n'était qu'un ramassis de nouvelles fort inoffensives, et la petite pièce que nous avons citée tout à l'heure prouverait que quelques-unes embrassaient déjà presque tous les sujets qui sont le bagage de ces chroniqueurs si fort à la mode aujourd'hui. Mais dans l'origine, durant les guerres de religion surtout, la plupart des gazettes à la main étaient de véritables libelles, des instruments de guerre dans les mains des partis, ainsi que les placards, avec ou sans illustrations, que l'on peut regarder comme une des formes primitives du journal, et dont il nous est resté de très-curieux échantillons. Aussi leurs auteurs étaient-ils impitoyablement pourchassés par les arrêts du parlement et les ordonnances royales, qui portaient contre eux et contre leurs éditeurs les peines les plus sévères.

Sous Louis XIV et Louis XV les gazettes à la main ont changé de nature et perdu de leur violence : ce sont des chroniques scandaleuses plutôt que politiques ; cependant les poursuites ne se ralentissent pas, et la police est sans cesse à la poursuite des « personnes malveillantes qui s'ingèrent de composer des libelles séditieux qu'ils font écrire à la main et qu'ils intitulent *Gazettes secrètes*, lesquels libelles non-seulement ils font distribuer toutes les semaines dans les villes et provinces du royaume, mais aussi ils les envoient en pays étrangers, licence d'autant plus coupable que c'est une entreprise faite par des personnes privées, ignorantes de la vérité des choses, qu'ils écrivent inconsidérément, ce qui pourrait apporter un grave préjudice au service du roi, à cause des suppositions et calomnies dont les dites gazettes sont remplies. » Et les auteurs qu'on peut saisir sont bannis de la ville de Paris, après avoir été battus et fustigés au milieu du Pont-Neuf, ayant pendus au cou deux écriteaux, devant et derrière, contenant ces mots : *Gazetier à la main*.

Mais toutes ces rigueurs, sans parler encore des vengeances personnelles, du danger que les indiscrétions de ces babillards pouvaient faire courir à leur nez ou à leurs oreilles, ne parvenaient point à empêcher leurs petites feuilles de circuler dans Paris et de pénétrer dans les provinces les plus reculées, ce qui, par parenthèse, tendrait à prouver que le métier ne laissait pas d'être lucratif. « Quant aux gazetiers dont vous me parlez, écrivait le prince de Condé, gouverneur de Bourgogne, au président du parlement de cette province, c'est un mal sans remède. Il n'y a pas longtemps qu'on en a mis à la Bastille une douzaine tout en un coup, et cela ne les rend pas plus sages. » De guerre lasse, la police finit par fermer les yeux, quand le scandale n'était pas trop grand ; elle alla même, sans doute dans la pensée d'en être plus maîtresse, de les contraindre à plus de circonspection, jusqu'à autoriser quelques-uns de ces *bulletiniers* ou *bulletinistes*, dont plusieurs étaient les correspondants des gazettes étrangères. On sait qu'un nommé Dubreuil tenait, vers 1728, rue Taranne, un bureau de nouvelles à la main, et que l'abonnement à son journal manuscrit était de 6 livres par mois pour quatre pages in-4°, et du double pour le double de pages. On possède les années 1728-1731 de cette petite feuille, qui, du reste, est de la plus rare insignifiance. On lit dans le journal de Barbier, à la date de mai 1745 : « Un particulier avoit obtenu une permission tacite de délivrer des nouvelles à la main, qui étoient censées visitées et approuvées à la police par quelque commis qui avoit cette inspection. Cela se distribuait dans les maisons et les cafés deux fois la semaine. On donnoit 30 ou 40 sous par mois, et cela rapportoit un produit considérable. Dans ces nouvelles à la main, qui contenoient une feuille de papier à lettre, il y avoit souvent des fausses nouvelles, et on y inséroit des faits sur les particuliers, comme mariages, charges, successions, et, sous ce prétexte, il y avoit des faits faux ou injurieux. On dit même qu'on a envoyé quelqu'un, à ce sujet, à la Bastille; mais, pour rendre cette défense plus publique, on a eu recours au parlement, qui a la grande police, et qui a rendu un arrêt qui défend de composer et de débiter tous écrits qualifiés de gazettes ou nouvelles à la main, sous peine du fouet et du bannissement pour la première fois. Cet abus, ajoute notre chroniqueur, avoit déjà été réprimé par des arrêts de 1660 : il y a en France de fort beaux règlements sur toutes choses, mais qui ne s'exécutent point, et auxquels on a recours quand l'abus devient excessif. »

Et les nouvellistes, en effet, continuèrent leur petit commerce comme auparavant. La plus célèbre des manufactures de bulletins, au dix-huitième siècle, était le salon de Mme Doublet de Persan. Cette dame, « très-connue en France et chez les étrangers », pour parler comme les éditeurs des *Mémoires secrets*, tenait à Paris ce que l'on appelait un bureau d'esprit, c'est-à-dire qu'elle réunissait chez elle des gens de lettres, comme le faisaient Mesdames de Tencin, du Deffand, Geoffrin, et Mlle Lespinasse. Son salon jouit pendant près d'un demi-siècle d'une grande célébrité. On y donnoit, dit Grimm, la principale attention aux nouvelles. Mme Doublet en tenait registre. Chacun, en arrivant, lisait la feuille du jour, et l'augmentait de ce qu'il savait de sûr. Les valets copiaient ensuite les bulletins, et s'en faisaient un revenu en les distribuant au public. Ces bulletins, qui devaient nécessairement prendre le ton de la société du temps, étaient un résumé de tout ce qui se disait dans le monde. On y trouvait l'analyse des pièces de théâtre, le compte rendu des assemblées littéraires et des procès célèbres; la notice des livres nouveaux, et en particulier des livres clandestins et prohibés, auxquels la saveur du fruit défendu donne plus de piquant et de relief; des pièces rares ou inédites, en vers et en prose, dont beaucoup n'eussent pu être imprimées sans péril; les chansons et vaudevilles satiriques, les anecdotes et les bons mots, que l'on était d'autant plus attentif à recueillir qu'ils étaient plus méchants; enfin les aventures de société, les faits et gestes de la cour, bien souvent embellis par la médisance. Il suffit, du reste, pour en avoir une idée exacte, de parcourir les *Mémoires secrets pour servir à l'histoire de la république des lettres*, généralement connus sous le nom de Mémoires de Bachaumont, du nom du président de la *paroisse*, comme on appelait le salon de Mme Doublet, et qui ne sont autre chose, on le sait, que la reproduction d'une partie de ces bulletins; or, à en juger par cet ouvrage, les nouvelles à la main émanées de ce cercle fameux étaient assurément, et de beaucoup, les plus amusants journaux du temps : c'était une véritable chronique, dans l'entière acception du mot, chronique assez peu limée, mais abondante et nourrie.

C'était bien là ce que nous appelons aujourd'hui le petit journal, le journal de mœurs, le journal satirique, et tel était le caractère général de ce journalisme manuscrit, plus ou moins autorisé; mais à côté de ces petites feuilles, il y avait de véritables gazettes manuscrites, au ton grave et sérieux, et nous en trouvons en France jusqu'aux approches de la Révolution, c'est-à-dire aux dernières années du dix-huitième siècle; on en a un exemple, page 164 de ma Bibliographie, dans la feuille que j'ai enregistrée sous le titre de *Bulletin de Madame de Beaumont*. Ce fait s'explique par l'insuffisance de notre gazette officielle, et par le privilége dont elle jouissait et qui ne permettait pas qu'une autre gazette imprimée pût s'établir à côté d'elle.

Ces détails, si sommaires qu'ils soient, permettront de se faire une idée du caractère et de l'esprit des nouvelles à la main, des lettres de nouvelles et autres publications du même genre, et de l'importance qu'elles pourraient avoir pour l'histoire moderne. Malheureusement les gazettes manuscrites, en raison même de leur nature, sont devenues excessivement rares, et il ne nous reste que de bien faibles monuments de ce journalisme clandestin, obligé, par les rigueurs auxquelles il était périodiquement en butte, à de fréquentes intermittences, à de continuelles transformations.

Mais ce qui ressort, avec la plus grande évidence, ce me semble, de tout ce que nous venons de dire, c'est non-seulement qu'il y a eu un journalisme manuscrit coexistant avec le journalisme imprimé, mais encore, et c'est là ce qui était surtout à démontrer, que le journal a d'abord été manuscrit.

Il nous faut maintenant revenir sur nos pas pour chercher quand il a commencé à être imprimé, à quelle époque et dans quel pays sont nées les premières gazettes imprimées.

C'est seulement au commencement du dix-septième siècle, nous le savons, cent cinquante ans après l'invention de l'imprimerie, qu'on rencontre les premières traces de journaux imprimés. Ce fait paraîtra d'autant plus difficile à comprendre que les sortes de journaux manuscrits qui couraient le monde depuis assez longtemps déjà, auraient dû, ce semble, et si imparfaits qu'ils fussent, mettre sur la voie. Il en faut probablement chercher l'explication dans les méfiances des gouvernements absolus, peu disposés généralement à appeler la lumière sur leurs actes, et qui pressentaient sans doute dans le journal, sinon un ennemi, au moins un voisin incommode, un importun; et quand en France, par exemple, Richelieu se décide à permettre l'impression de notre première gazette, c'est parce qu'il y voit un utile instrument pour sa politique, et qu'il est bien décidé, du reste, à la garder dans sa main.

De bonne heure, cependant, après l'invention de l'imprimerie, l'usage était devenu général d'imprimer sur des feuilles séparées et de vendre à bas prix des relations de tous les événements remarquables, de tous les faits propres à affriander les lecteurs. Ces récits, n'ayant trait en général qu'à un seul fait, se publiaient sous des titres divers, comme *Relation*, *Nouvelles*, *Lettre*, *Avis*, et d'autres encore, dont ceux-là eurent le plus de succès, et sont restés, qui exprimaient de la manière la plus simple l'objet auquel ils se rapportaient; tels sont les mots : en allemand, *Zeitung*, qui signifie, à proprement parler, nouvelle; en bas allemand ou en allemand du nord, *Theiding*, et *Theidung;* en anglais Thiding; en flamand, *Tydinge*, tous dérivés d'un radical dont le sens primitif était événement; en français, *Journal*, *Gazette*, etc.

Relativement à ce dernier terme, qui a passé dans tant de langues, je dois dire que je n'ai rencontré aucune feuille volante qui portât le titre de gazette; mais on ne peut douter qu'on ne s'en servît vulgairement à la fin du seizième siècle pour désigner ces sortes de publications : cela ressort des pièces que j'ai citées plus haut, notamment de *la Flandre conservée*, où l'on parle des « faiseurs de gazettes », et encore du choix que Renaudot fit de ce mot pour le titre de notre premier journal politique, par la raison qu'il était « plus connu du vulgaire ».

Le terme générique le plus fréquemment employé en France durant le seizième siècle est celui de *Discours* : « Le Discours de la guerre de Metz . , avec une chanson à la fin. » — « Discours de la conquête de la ville de Thionville. » — « Discours des triumphes du mariage du Roy Catholique... » — « Discours au vray et en abbrégé de ce qui est dernièrement advenu à Vassy. » — « Mémorable discours des foudres, tempestes, tonnerres, tourbillons de vents, tremblements de terre, inondations d'eaux, advenus en divers endroits de ce royaume. »

On trouve aussi les noms de *Nouvelles*, d'*Histoire*, de *Recueil*, de *Récit* : « Nouvelles de la cour, escrites de Bloys lundy dernier dixiesme iour d'octobre, contenantes, entre autres choses... » — « L'Histoire du tumulte d'Amboyse, advenu au mois de mars M. D. L. X. Ensemble un advertissement et une complainte au peuple françois. » — « Histoire journalière de tout ce qui s'est faict et passé... » — « Recueil des choses iour par iour avenues en l'armée. »

Au commencement du dix-septième siècle on rencontre fréquemment les dénominations de *Courrier*, de *Postillon*, de *Messager*, de *Mercure*, noms dont on a depuis baptisé tant de journaux : « Le Courrier royal des plus véritables affaires de France. » — « Le Mercure et fidèle messager de la cour. » — « Le Messager de Fontaine-Bleau, avec les nouvelles et paquets de la cour. »

Mais la grande majorité de ces relations n'ont d'autre titre que l'indication sommaire de leur contenu; et quelques-uns de ces sommaires ont une forme remarquable : « C'est le triumphant baptesme de monseigneur... » — « C'est l'ordre et forme qui a esté tenue au sacre et couronnement... » — « Ce sont les articles de la capitulation... » : titres qui semblent faits pour être criés dans les rues, et qui rappellent les *boniments* des canards modernes.

On comprendra que la nature essentiellement légère de ces feuilles en ait rendu la conservation difficile, et que le plus grand nombre, les plus vieilles surtout, nous aient échappé. Le plus ancien échantillon que nous en possédions en France, et je ne sache pas qu'il y en ait nulle part d'antérieures, est un recueil de pièces relatives aux expéditions de Charles VIII en Italie. Ces relations, dont la première est de 1492 et la dernière de 1495, sont composées de 2 à 12 feuillets in-4° non chiffrés, caractère gothique, la plupart avec figures en bois dans le texte. Voici les titres de quelques-unes : « L'Entrée du roy nostre sire à Romme. » — « La Bataille qui a esté faicte à Napples, et comment le roy Ferrand a esté desconfit. » — « Les Nouvelles du roy depuis son partement de son royaume de Naples envoyées à monsieur labbé de saint-ouen de rouen ce iourduy XXVI de iulliet. » — « Plusieurs nouuelles envoyées de Naples par le roy nostre sire à monseigneur de bourbon. Ensemble d'autres nouuelles. » — « Lettres nouvelles de Milan, » etc.

Les feuilles volantes de cette nature sont également nombreuses en Allemagne, et on trouve à leur sujet de copieux détails dans l'histoire de la presse allemande, dont j'ai déjà parlé, *Geschichte des deutschen Journalismus*, qui en est malheureusement restée au premier volume, paru en 1845 : le docteur Prutz s'y étend avec d'autant plus de complaisance qu'il en fait dériver le journal, et part de là pour attribuer à l'Allemagne l'honneur de l'invention. Cependant la plus ancienne pièce qu'il ait eu le bonheur de trouver ne date que de 1494, et elle est, par conséquent, postérieure de deux années à la première de celles que possède notre Bibliothèque impériale. Cette relique est conservée à la bibliothèque de l'université de Leipsick; elle a pour titre (en allemand) : « Comment et avec quelle magnificence et solennité, en présence de quels évêques, prélats, princes et seigneurs, ont eu lieu les obsèques de très-illustre et très-puissant prince et seigneur Frédéric, empereur des Romains et roi de Hongrie, etc. », 6 feuillets in-4°, imprimés à Vienne. C'est là, selon le docteur Prutz, le plus ancien embryon du journal qu'on connaisse, ou tout au moins qu'il ait pu découvrir, et il n'en a plus trouvé d'autre avant 1510.

Ces feuilles de circonstance portent la plupart le titre de *Newe Zeitung*, qu'on voit pour la première fois appliqué à une feuille volante consacrée à une relation historique en 1505 : les bibliothèques de Dresde et l'université de Leipsick possèdent chacune une édition différente d'une pièce intitulée : *Copia der Neuen Zeitung auss Bresilly Landt*, s. l. n. d., mais comprenant une des relations du voyage d'Améric Vespuce, et se rapportant à 1505.

Cette pièce me rappelle un article que j'ai rencontré récemment dans le *Journal de la librairie*, article emprunté au *Temps*, et bravement intitulé : *Le plus ancien journal*. « La plus ancienne feuille d'impression qui paraisse avoir été éditée périodiquement, dit cet article, est celle qui a été mise en vente le 25 juillet 1863 avec la collection Libri, et dont il existe un double au musée britannique. Elle a pour titre *Neüe Zeitung aus Hispanien und Italien*, et porte la date de février 1534. Le catalogue en donne la description suivante : « Journal d'une exces- « sive rareté, paraissant avoir été imprimé « à Nuremberg. Il contient la première nou- « velle de la découverte du Pérou, et est « resté inconnu de tous les bibliographes « que nous avons pu consulter... Ce docu- « ment est de neuf mois le plus ancien que « l'on connaisse concernant la conquête du « Pérou. » Voilà où en est chez nous la science historique.

Ces *Relationen* étaient fréquemment rédigées en forme de lettres, et *illustrées* de gravures sur bois; elles portent rarement l'indication du lieu d'impression et de l'année. Suivant les auteurs du *Conversations Lexikon*, leur existence serait certaine en Allemagne vers 1457-1460; mais, comme nous venons de le dire, on n'en connaît aucune d'une date antérieure à 1494. Outre les nouvelles importantes du monde, comme la découverte de l'Amérique, les conquêtes des Turcs, les guerres entre les Français et les Allemands dans la haute Italie, les faits locaux y tenaient une large place, notamment les phénomènes météorologiques, tremblements de terre, orages, inondations, les miracles, les histoires de sorciers et leur supplice, les meurtres d'enfants par les juifs; c'était la naissance miraculeuse d'un enfant, d'un cochon, d'un veau; c'était la Gazette effroyable et véridique, et rapport exact d'une tentation du diable, ou quelque accident dans le genre de celui qu'annonce ce sommaire placé en tête d'une relation signée par Jean Bradagk, greffier de la ville de Schilda, 1555, in-4° : « Nouvelle gazette véridique : Le 18 novembre de cette année, un maçon est tombé dans un puits de Schilda, district de Torgan. Le puits a 20 brasses de profondeur; le maçon y a séjourné pendant 88 heures, et cependant il en a été retiré miraculeusement et sain et sauf avec l'assistance du Dieu tout-puissant. »

Sous ce nom de *Zeitung* se cachaient encore assez souvent des pamphlets, des libelles, surtout dans les luttes de la réforme; c'étaient, par exemple, des nouvelles arrivées de l'enfer, des nouvelles arrivées de Rome. Luther lui-même intitula un de ses nombreux écrits, une satire contre les reliques : *Neue Zeitung vom Rein*, *anno* 1542. Ces pamphlets, enfantés en très-grand nombre par la réformation, ont été réunis par Charles Hagen dans son livre intitulé *Relations littéraires et religieuses de l'Allemagne pendant la Réformation*. Hortdeller a continué ce travail en compulsant les documents relatifs à la guerre de trente ans, et la littérature des *Zeitungen* de cette époque occupe dans son œuvre une assez large place.

Ces publications, en quelque sorte populaires, de l'Allemagne se sont répandues dans toute l'Europe, et on en trouve dans la plupart des grandes bibliothèques publiques. Le British Museum en possède un grand nombre, dont la plus ancienne, provenant de la collection Ternaux-Compans, est seulement de 1526 : *New Zeytung*, *Die*

Schlacht des Turkischen Keysers, etc , La bataille de l'empereur des Turcs avec Louis, roi de Hongrie, le jour de Saint-Jean-Baptiste 1526, etc.; vignette sur le titre et une à la dernière page. Le Catalogue de la bibliothèque d'Utrecht, 1836, donne les titres d'une centaine de ces brochures. Enfin, un savant suisse, M. Emile Weller, de Zurich, a fait dans le *Serapeum* (année 1859, n° 13 et suiv.) un relevé minutieux des pièces ou brochures portant le nom de *Zeitung* qui ont paru en Allemagne pendant le seizième siècle; or le nombre des titres qu'il a pu recueillir, soit dans les bibliothèques, soit dans les ouvrages biographiques et bibliographiques, ne s'élève pas à plus de 578, soit, pour un siècle, une demi-douzaine par année. Ce chiffre exclut toute idée de continuité, de suite, toute idée de journal, par conséquent. Il y a eu de ces relations, en plus ou moins grand nombre, à peu près partout où il y a eu des presses, notamment en Hollande et en Angleterre, aussi bien qu'en France et en Allemagne; mais ici pas plus que là elles n'ont d'enchaînement entre elles, et on ne saurait leur reconnaître le caractère du journal, dont elles n'ont ni la périodicité, ni la continuité, ni la variété, quand même quelques-unes présenteraient entre elles une certaine ressemblance de forme.

Si cependant ces feuilles volantes n'étaient point encore le journal, elles devaient nécessairement y conduire. On en était venu probablement d'assez bonne heure à réunir plusieurs événements sur la même feuille ou dans le même cahier; or le jour où l'industrie d'un homme, encouragée par la curiosité croissante du public, donnerait un titre uniforme à ces feuilles volantes, établirait entre elles un ordre de succession et leur assignerait un retour périodique, la gazette, le journal serait créé.

Avant qu'on en arrivât là, entre les nouvelles à la main et le journal, nous rencontrons une sorte de publications *périodiques*, dont il est bon de dire quelques mots : nous voulons parler des almanachs et calendriers paraissant régulièrement chaque année, et contenant, outre des anecdotes, le récit des événements de l'année écoulée. C'est vers le même temps que naissent ce que nous appelons aujourd'hui les annuaires historiques. Le prototype de ce genre est le *Mercure françois*, rédigé d'abord par un imprimeur du nom de Jean Richer, puis par Olivier de Varennes, et enfin par le rédacteur de la *Gazette*, Théophraste Renaudot; les 25 volumes de cette compilation historique, publiés de 1611 à 1648, contiennent chacun le tableau des événements d'une année, avec pièces à l'appui, à partir de l'année 1605. Elle faisait suite à la *Chronologie septennaire* de Palma Cayet, contenant l'histoire de la paix entre les rois de France et d'Espagne, depuis 1598 jusqu'à la fin de 1604; 1612, in-8°, laquelle était elle-même la continuation de la *Chronologie novennaire* du même auteur, contenant l'histoire de la guerre sous le règne de Henri IV et les choses les plus mémorables avenues par le monde depuis 1589 jusqu'en 1598; 1608, 3 vol. in-8°. Le titre de ces deux dernières publications en dit assez la nature; ce sont des sortes d'éphémérides historiques. Nous citerons dans le même genre le *Mercurius gallo-belgicus..., ab anno* 1587 *ad* 1650, *Colon. agrip.*, 1696 et suiv., 28 vol.; le *Theatrum europæum*, ou Description de tous les événements importants qui sont arrivés dans le monde depuis 1617 jusqu'à 1695, *Francfort*, 1662-1702, 24 vol. in-fol., magnifiquement imprimés; le *Diarium europæum*, les *Sérénissimes Archives*, la *Chancellerie européenne* (environ 150 volumes), toutes collections renfermant des documents historiques importants et un grand nombre de pièces intéressant les relations internationales. Je citerai encore, pour son titre, un volume in-8° publié à Arras en 1613, et qui a toutes les apparences d'un annuaire : *Les avantures de l'an* 13.

En Allemagne on trouve encore, dans le genre des Almanachs, les *Postreuter*, ou courriers, messagers des postes, qu'on voit apparaître à la fin du seizième siècle — le plus ancien connu date de 1590 —, et qui racontent en vers grossiers les événements de l'année qui vient de finir. Ces courriers se transformèrent au milieu du dix-septième siècle en publications mensuelles ou hebdomadaires, et ils se sont maintenus dans cette forme pendant une centaine d'années.

Enfin vers la même époque, en 1590, commença à paraître à Francfort une publication bisannuelle, les *Relationes semestrales*, qui eurent pour premier auteur Conrad Lanténbach, et furent, après la mort de ce dernier, arrivée en 1597, continuées par Théodore Maurer. Ces Relations, imprimées en latin et en allemand, et portant cette fière épigraphe : *Duce Deo, comite veritate*, embrassent tous les événements de quelque importance, qui sont résumés pour chaque livraison dans des titres-sommaires d'une étendue démesurée. Leur cadre était trop étendu, eu égard aux ressources de l'époque, pour qu'elles ne laissent pas beaucoup à désirer; elles se ressentent aussi nécessairement de l'insuffisance, des passions et des préjugés de leur unique rédacteur; cependant elles eurent un tel succès qu'on fut obligé de réimprimer en 1595 les cinq premières années, quoiqu'on en eût fait un grand nombre de contrefaçons.

On voit par quels tâtonnements on a passé avant d'arriver à la forme définitive du journal. J'ai insisté sur ces tentatives parce qu'elles m'ont semblé n'être pas sans importance; elles ont contribué, malgré leur imperfection, à développer le sentiment des intérêts publics et collectifs, et elles devaient nécessairement faire surgir des publications moins incomplètes, plus épurées. Nous allons maintenant serrer la question de plus près, et tâcher de préciser aussi exactement que possible la véritable origine du journal moderne.

Venise a pour elle la tradition, mais une tradition vague, qu'aucun de ses enfants ne s'est jamais, que je sache, sérieusement préoccupé de faire prévaloir. Nous savons maintenant, du reste, à quoi nous en tenir de ce côté. Si l'on admet un journalisme manuscrit, si l'on fait entrer les gazettes manuscrites en ligne de compte, la priorité ne semblerait pas jusqu'ici pouvoir lui être disputée; mais si l'on ne veut parler que du journal imprimé, c'est ailleurs qu'il nous en faut chercher le berceau.

Parmi les tenants de la reine de l'Adriatique nous avons cité Georges Chalmers; mais il ne lui était pas demeuré longtemps fidèle, et l'honneur qu'il lui avait attribué, il le revendiqua bientôt pour son propre pays. Dans une vie d'un grammairien écossais, Ruddiman, publiée en 1794, prenant occasion de ce que celui-ci avait été en même temps éditeur du *Caledonian Mercury*, il faisait une digression sur l'origine et l'histoire des journaux, dans le but uniquement d'en venir à proclamer les droits de l'Angleterre à la priorité, et il s'écriait avec une sorte d'orgueil : « Après avoir fait en différents pays de longues investigations sur l'origine des journaux, j'ai eu la satisfaction de trouver en Angleterre même ce que j'étais allé chercher bien loin. Oui, nous pouvons dire à notre grande gloire que le genre humain est redevable du premier journal à la sagesse d'Elisabeth et à la prudence de Burleigh. »

Tout cela malheureusement reposait sur une fraude d'érudit, dont personne ne peut plus être la dupe aujourd'hui. On conserve au *British Museum*, au milieu d'une collection de vieux journaux, la plus complète peut-être qu'il y ait au monde, trois feuilles imprimées sous ce titre : *the English Mercurie*, portant les numéros 50, 51 et 54, et la date de 1588. Il est question dans une de ces feuilles du départ de l'invincible *Armada;* dans une autre, d'un engagement entre Sir Francis Drake et la flotte espagnole, et de la capture du vaisseau *le Saint-François*, commandé par don Pedro de Valdez.

Chalmers, ayant rencontré ces feuilles, à la fin du siècle dernier, dans des recherches qu'il faisait au *British Museum*, en tressaillit d'aise; il n'eut pas un instant de doute sur leur authenticité; c'était à ses yeux « une preuve irrécusable de l'existence d'un journal imprimé en Angleterre à une époque où aucune autre nation ne peut se vanter d'avoir possédé un pareil véhicule de nouvelles. » Il cria bien haut sa trouvaille, expliquant par la terreur profonde qu'avait inspirée l'*Armada* ce recours à un nouveau mode de répandre les nouvelles.

Sur la foi de Chalmers, toutes les encyclopédies, tous les dictionnaires, tous les auteurs qui ont eu occasion de parler des journaux ont depuis lors fait remonter au règne d'Élisabeth l'apparition de la première feuille périodique.

Un beau jour cependant, un homme très-érudit, attaché au *British Museum*, M. Thomas Watts, s'avisa d'ouvrir le précieux volume qui contenait l'*English Mercurie*. Le premier coup d'œil le convainquit que le prétendu journal de 1588 était l'œuvre d'un faussaire. Les caractères d'impression étaient manifestement de la moitié du dix-huitième siècle, et la distinction entre les *u* et les *v*, entre les *i* et les *j*, absolument inconnue aux imprimeurs du seizième siècle, était partout soigneusement observée. A part même ces indices matériels, l'examen du texte ne pouvait laisser aucun doute. Le faux journal donne à Sir Francis Vere le titre de chevalier plusieurs mois avant que cet officier l'eût reçu d'Élisabeth; il emploie des mots qui n'étaient point encore en usage au seizième siècle; il fait remporter une victoire par Drake un jour où l'amiral anglais courut au contraire le plus grand danger d'être pris par les Espagnols.

Convaincu de la fraude dont Chalmers avait été la dupe, M. Watts n'hésita pas à la dénoncer, et il le fit d'une manière péremptoire, sous la forme d'une lettre adressée à M. Panizzi, conservateur des imprimés au *British Museum* (*A Letter to Antonio Panizzi, esq., on the reputed earliest printed newspaper*, THE ENGLISH MERCURIE, 1588, by Thomas Watts, of the British Museum, 1839, in-8°). « La nation anglaise, commençait par dire M. Watts, a longtemps revendiqué un honneur qu'aucune autre jusqu'ici ne s'était rencontrée pour lui disputer, et sa prétention était basée sur un document conservé parmi les trésors de l'illustre établissement auquel nous appartenons l'un et l'autre. Mais la nation anglaise et le *British Museum* sont trop riches en honneurs de bon aloi, pour vouloir en retenir, ne fût-ce que pour un instant, un qui ne leur appartienne pas. Or l'objet de cette lettre est de démontrer que la prétention de l'Angleterre à l'invention des journaux est malheureusement sans fondement, et que le premier des journaux du British Museum est une supercherie. » Et il le prouve par les arguments les plus irrésistibles.

Mais tout le monde n'a pas l'esprit élevé de M. Watts, et sa dénégation devait se répandre moins vite et rencontrer moins d'accueil que l'affirmation de Chalmers, qui flattait l'amour-propre national et devait être difficilement abandonnée par les esprits étroits. La fable de l'*English Mercurie* continua donc à se répéter de journal en journal, de livre en livre, ici par calcul, là par ignorance. Justement étonné, je dirais presque froissé, M. Watts, onze ans après, revint à la charge dans une lettre très-substantielle adressée au *Gentlsman's Magazine* (n° de mai 1850, *Authorship of the fabricated* EARLIEST ENGLISH NEWSPAPER), dans laquelle, après avoir corroboré par de nouveaux arguments les arguments de sa première brochure, et démontré que l'auteur de cette supercherie littéraire était le second lord Hardwicke, il touche en passant, pour l'éclairer de précieuses indications, la question de l'origine des journaux.

Il est à espérer que cette seconde et victorieuse démonstration portera coup. M. Watts, pourtant, ne devrait pas trop s'étonner si l'effet s'en faisait encore quelque peu attendre : le propre de la vérité est de cheminer lentement, et cela n'est pas seulement en Angleterre. Si l'exemple d'un autre pouvait adoucir l'amertume de sa déconvenue, je lui citerais le mien. Voilà vingt ans que j'ai commencé à faire le jour autour des origines du journal en France : eh bien, je n'en ai pas moins tous les jours la satisfaction de voir nos journaux et nos revues, même les plus autorisés, quand ils ont à parler des commencements du journalisme, aller chercher dans les anas qui traînent depuis cent cinquante ans, et répéter à l'unisson leurs plus étranges balourdises. Ainsi tout récemment encore notre journal officiel de l'imprimerie et de la librairie, une feuille qui semblerait mieux placée qu'aucune autre pour être au courant des progrès de la science, éprouvant le besoin d'enrichir sa chronique d'un entrefilet sur l'origine des journaux, ressassait je ne sais quel conte de ma mère l'Oie mis en circulation, il y a plus d'un siècle par un de nos chroniqueurs, qui n'était probablement lui-même qu'un écho, et donnait l'article de Saint-Foy, erroné même quant à l'âge de la *Gazette*, comme une trouvaille et le dernier mot de la science à ce sujet. Ainsi un de nos écrivains les plus autorisés allait jusqu'à Harlem pour y trouver la « plus ancienne gazette de l'Europe », quand il en avait une sous les yeux, à Paris, plus âgée d'un quart de siècle. Que sais-je encore?

Si je ne craignais d'avoir l'air de plaider *pro domo mea*, je dirais que la faute de cette ignorance est en grande partie aux journaux eux-mêmes, au peu de souci qu'ils ont de leur rôle de vulgarisateurs, à leur indifférence pour les productions littéraires, auxquelles ils n'accordent pas la plus petite place, à moins qu'on ne la paye très-cher, dans leurs colonnes, remplies la moitié du temps de choses si oiseuses, laissant passer sans en dire mot les œuvres les plus dignes d'intérêt, même celles qui sembleraient devoir le plus les intéresser, à moins que le retentissement du nom de l'auteur ne leur impose en quelque sorte l'obligation d'en parler.

Mais revenons à nos gazettes.

Avec l'*English Mercurie* tombent les prétentions qu'aurait pu avoir l'Angleterre à l'invention du journal; après ce mercure apocryphe, elle n'a plus rien à mettre en ligne, jusqu'à 1622, que des *News*, feuilles volantes ou placards, contenant le récit d'événements qui s'étaient accomplis en Angleterre ou sur le continent. Et, chose remarquable, dans ce dernier cas le titre indique presque toujours que les nouvelles offertes au public sont traduites de l'original hollandais.

Cette circonstance semblerait trancher, au moins relativement, la question de priorité, en faveur de la Hollande, dont nous n'avons pas encore eu occasion de parler, et qui fut cependant, à n'en pas douter, un des berceaux du journal. « Les gazettes, écrivait l'abbé Bianchi au prince de Beaumont Vintimille, au milieu du siècle dernier, les gazettes ont pris naissance à Venise, dans un temps où cette république était le centre des négociations de l'Europe. Depuis que les Hollandais ont acquis l'indépendance et formé une république de négociants, ils sont devenus les nouvellistes des nations les plus éloignées : à Constantinople, à Smyrne, au Caire, dans le Levant, dans les deux Indes, on lit les gazettes hollandaises comme à La Haye et dans les cafés d'Amsterdam. » Et il ajoutait : « Le *Courrier du Bas-Rhin*, qui a fait diverses réflexions sur la nature, la multiplicité et la libre communication des feuilles périodiques, prétend que les villes libres ou impériales sont plus favorables à ce commerce que les monarchies, et qu'il se publie un plus grand nombre de feuilles périodiques dans les villes de Cologne, de Francfort, de Hambourg, etc., que dans les royaumes d'Espagne, de Portugal, de France, de Suède, de Danemarck, où il semble que la maxime d'État exige qu'il n'y ait qu'une seule loi et une seule gazette. »

Mais s'il y a beaucoup de probabilités en faveur de la Hollande, il n'y a rien de plus. On croit bien avoir, à Amsterdam, quelques raisons de penser qu'il existait dans cette ville vers 1617 ou 1619 des gazettes, ou au moins une, paraissant deux fois par semaine; et l'on connaîtrait deux imprimés de l'année 1619, l'un de Leyde, l'autre de La Haye, ayant les apparences d'un numéro de journal. Mais ce ne sont là que de bien faibles indices, et la plus ancienne publication périodique quelque peu régulière qui soit conservée à la bibliothèque de La Haye ne remonte pas au delà de 1626; or l'Allemagne nous montre des journaux plus anciens.

L'Allemagne a été de tout temps le pays de la polémique par excellence, et si ce n'est pas elle qui a donné naissance au journal, elle en était du moins très-capable, et l'on comprend jusqu'à un certain point l'ardeur qu'a mise le docteur Prutz à revendiquer pour elle cet honneur. Cet historien, aussi érudit d'ailleurs qu'il est original, mais qui dans cette affaire a fait preuve de moins de jugement peut-être que d'érudition, a une manière de raisonner à lui. Après s'être fortement élevé contre les écrivains qui, dans cette question, se laissent guider par l'amour louable, mais intempestif, du clocher, il se prononce carrément pour l'Allemagne; sans se préoccuper des preuves que d'autres peuples pourraient apporter à l'appui de leurs prétentions, il proclame que la nation allemande était seule apte, par son génie particulier, par son organisation démocratique, à inventer le journal, comme elle seule avait pu inventer l'imprimerie. Cette philosophie de l'histoire, si elle était admise, simplifierait sans doute beaucoup la solution des grandes questions litigieuses, mais le moindre document est plus concluant que toutes les preuves abstraites, a dit avec infiniment de raison un homme aussi obligeant qu'il est instruit, M. Ch. Ruelens, un des conservateurs de la Bibliothèque royale de Bruxelles, dont la connaissance m'a été d'autant plus précieuse qu'il s'est lui-même occupé de recherches sur l'origine des journaux, et qu'il m'a communiqué ses notes avec la plus rare bienveillance.

Ce n'est pas que les documents aient manqué à l'historien de la presse allemande; seulement les conséquences qu'il prétend en faire découler pèchent quelquefois par la justesse. Ainsi en est-il par exemple des arguments qu'il tire du grand nombre de *Zeitungen* ayant circulé en Allemagne pendant le seizième siècle, et dès la fin du quinzième. On trouve partout, nous l'avons vu, de ces feuilles volantes, et en France, notamment, elles ne sont ni moins nombreuses ni moins anciennes qu'en Allemagne; l'avantage sous le dernier rapport reste même à la France. C'étaient là des embryons du journal, mais non le journal.

En fait de journal, le plus ancien monument qu'ait pu découvrir la perspicacité des bibliographes allemands est une pièce intitulée : *Aviso*, relation ou nouvelles de ce qui est arrivé en Allemagne, Italie, Espagne, Pays-Bas, Angleterre, France, etc., pièce imprimée en 1612 et portant le n° 14. D'après M. Watts, cette feuille serait, ou aurait été, en la possession d'un professeur Grellman; j'ai lu ailleurs qu'on ne la connaît que par la citation qu'en a faite un bibliographe de la fin du siècle dernier; et c'est sur cette autorité, et en raison du numéro qu'il porte, que les écrivains allemands auraient considéré cet Aviso comme la plus ancienne de leurs gazettes. Prutz, d'ailleurs, lui dénie cette qualité, par le motif qu'il n'y a point de preuve qu'il ait été publié à intervalles fixes, et les auteurs du *Conversations Lexikon* n'y voient qu'une publication du genre des Zeitungen d'Augsbourg ou des *Relationes semestrales*.

Mais trois ans seulement après apparaît à Francfort une feuille dont cette fois personne ne conteste le caractère, une gazette numérotée, publiée par un libraire ou bourgeois de cette ville nommé Egenolph Emmel, qui la fit paraître chaque semaine à ses frais, à partir de 1615. Brockaus ne dit pas le nom de cette *première véritable gazette*, comme il la qualifie, et je ne sais jusqu'à quel point on peut en voir la continuation dans le *Frankfurter Journal* actuel.

L'année suivante, l'administrateur de la poste impériale d'alors, Jean de Birghden, fonda, à l'imitation de la gazette d'Emmel, la *Frankfurter Oberpostamts Zeitung*, journal de l'office des postes de Francfort, qui existerait encore aujourd'hui sous le nom de *Frankfurter Postzeitung*, qu'elle a pris le 1er avril 1852. Cette feuille, dont la propriété, d'après ce qu'a bien voulu m'écrire M. le docteur Ed. Ziehen, est toujours demeurée dans la famille des princes de La Tour et Taxis, serait venue sans aucune interruption jusqu'à nos jours; mais on n'en connaît pas de numéro antérieur à 1658.

Nous tenons donc enfin le véritable journal, mais non pas encore probablement le premier, car de graves présomptions permettraient de croire que Francfort a été devancé au moins par Anvers.

Suivant Le Mayeur, dans une des notes de son poëme *la Gloire Belgique*, il aurait paru dans cette dernière ville dès le milieu du seizième siècle une gazette flamande, une *courante*, rédigée et imprimée par Abraham Verhoeven, avec la devise : *Den tydt zal leeren*, le temps apprendra. Il va plus loin encore : « C'était, ajoute le chantre de la gloire belgique, une feuille d'annonces, destinée particulièrement au commerce, par laquelle les Anversois faisaient connaître à leurs correspondants à Venise les arrivages dans leur port, y entremêlant des articles de politique relatifs à leurs intérêts. Arrivée à sa destination, cette feuille flamande se traduisait en italien. » Cette assertion, quelque peu hardie, a été répétée par Desmet, dans son *Histoire de Belgique*; mais on ne voit pas sur quel fondement elle repose, et il n'existe pas la moindre trace de cette antique gazette.

Mais ce qui est hors de doute, c'est qu'un imprimeur d'Anvers, du nom précisément d'Abraham Verhoeven, obtint en 1605 des archiducs Albert et Isabelle le privilége « d'imprimer et de graver sur bois ou sur métal, et de vendre dans tous les pays de leur juridiction, toutes les nouvelles récentes (*Alle de nieuwe Tydinghen*), les victoires, les siéges et prises de villes que lesdits princes feraient ou gagneraient. » Il n'est pas question des batailles qu'ils pourraient perdre; et on peut aisément supposer qu'il n'eût pas été permis à Verhoeven de les imprimer, et encore moins de les graver sur bois ou sur cuivre.

On ne connaît d'ailleurs ce privilége que par la confirmation qui en fut accordée à Verhoeven en 1620. En profita-t-il immédiatement, et dans quelle mesure? C'est ce qu'on ne saurait dire, les plus anciens numéros des *Nieuwe Tydinghen* que possède la Bibliothèque royale de Bruxelles ne remontant pas au delà de 1616. Mais on peut présumer que cette petite feuille parut d'abord à des intervalles indéterminés, suivant les événements. Cela résulte, au surplus, d'un avis du 19 avril 1617, disant qu'à l'avenir l'imprimeur fera paraître régulièrement, tous les huit ou neuf jours, les principales nouvelles de ce qui se passe dans les pays étrangers. En 1621 les numéros ont un numéro d'ordre, et ils se succèdent dès lors plus rapidement; ainsi les années 1622 et 1623 ont 179 et 141 numéros, ce qui fait environ trois numéros par semaine, et il en paraît toujours au moins un, même quand les nouvelles font absolument défaut : tout est bon alors à l'éditeur pour remplir son cadre, une pièce de vers, une ballade, un pamphlet, quoi que ce soit. Le numéro se compose le plus souvent de huit pages petit in-8°, dont la première est occupée par un grand titre et une vignette empruntée d'ordinaire du principal événement dont il est question, et qui par conséquent varie chaque fois; la huitième page aussi est assez souvent remplie par une vignette.

Ce n'était là encore, tout illustré qu'il était, qu'un journal bien élémentaire; mais enfin c'était un journal, et c'est jusqu'ici le plus ancien que j'aie rencontré.

Je n'ai point encore parlé de la France. C'est que nous ne suivîmes que d'assez loin, dans cette voie, les nations voisines : notre premier journal date seulement de 1631. Mais si la *Gazette de France* n'est pas la première née des feuilles périodiques, c'est, au témoignage des hommes les plus désintéressés, la première qui réponde — autant du moins qu'on peut l'exiger eu égard à l'époque — à l'idée que nous nous faisons d'un journal. Du premier jour elle s'est placée au-dessus de tout ce qui avait existé d'analogue, par la régularité de sa publication, par sa circulation européenne, par l'abondance et le choix des matières, par la supériorité de sa rédaction et le nombre de ses correspondants, et, poursuivant depuis lors imperturbablement sa marche à travers les obstacles de toutes natures, elle a traversé sans encombre toutes les révolutions qui depuis deux siècles et demi ont renversé tant de choses. Seulement son titre a quelque peu varié, selon les circonstances, et son format et sa périodicité ont suivi les progrès du temps.

En résumé et dans l'état actuel des découvertes, c'est à Anvers que reviendrait l'honneur d'avoir donné le jour au premier journal imprimé, en 1605. Viendraient ensuite :

L'Allemagne en 1612 ou 1615;
L'Angleterre, en 1622;
La Hollande, en 1626;
La France, en 1631.

La Russie n'eut pas de journal avant 1703.

De l'Italie et de l'Espagne, je ne sais rien de précis; mais, selon les probabilités, elles n'eurent de journaux qu'assez tard.

Les plus anciens des journaux existant aujourd'hui seraient :

La *Frankfurter Postzeitung*, 1616, si l'on doit s'en rapporter à une tradition à l'appui de laquelle on ne peut produire aucune preuve matérielle, puisque, je le répète, le plus ancien numéro connu est de 1658;

La *Gazette de France*, 1631, dont il existe plusieurs collections complètes;

La Gazette officielle de Suède, *Postoch Inrikes Tidning*, fondée en 1644, sous le règne de la reine Christine, la fille de Gustave-Adolphe le Grand, et continuée depuis lors sans interruption, suivant une indication qui m'est venue d'une source qui m'échappe aujourd'hui, et dont je ne saurais garantir l'exactitude;

Le *Haarlemsche Courant*, le doyen des journaux hollandais, 1656, resté depuis plus de deux cents ans dans les mains des Enschedé, une famille d'imprimeurs justement renommée;

La *Gazette de Leipzig*, 1660;

La *Gazette de Londres*, 1665.

En 1856, les éditeurs du *Haarlemsche Courant*, à l'occasion du deux-centième anniversaire de leur gazette, adressèrent à leurs abonnés un exemplaire fac-simile de son premier numéro, portant la date du 8 janvier.

Les éditeurs de la *Gazette de Leipzig*, dans une circonstance pareille, firent mieux encore : ils distribuèrent à leurs souscripteurs, avec le numéro du 1er janvier 1860, une fidèle réimpression, non-seulement du premier numéro de cette feuille, du 1er janvier 1660, mais encore de celui du 1er janvier 1760 : c'était mettre sous leurs yeux un tableau parlant des grands progrès réalisés durant ce long espace de temps par l'art typographique, à la fois, et par la langue allemande. — Le même jour la Gazette de Rostock célébrait son cent-cinquantième anniversaire.

Voilà des traits que j'aime à citer. Hélas! jamais pareille idée n'est venue à notre Gazette, laquelle paraît se soucier très-peu de son origine, aussi bien que de son fondateur, qui attend encore que l'on rende à sa mémoire l'honneur qui lui est si justement dû.

Dans tout ceci il n'est question que des gazettes, des feuilles politiques; — ce n'est qu'à défaut d'une expression plus convenable que je me sers de celle-là, à laquelle s'attache une idée d'examen, de discussion, qui serait ici prématurée : les premières gazettes ne sont que des papiers-nouvelles, se bornant le plus souvent à enregistrer purement et simplement les faits. Et c'était déjà beaucoup pour elles et pour l'époque.

Songe-t-on, en effet, quelle grosse affaire c'était que la composition d'une gazette, dans ces premiers temps, où il n'y avait ni chemins de fer ni télégraphes, ni agence Reuter ni manufacture Havas, où les moyens d'exécution étaient si imparfaits! « Si, dit le créateur de notre première feuille périodique, Théophraste Renaudot, si la crainte de déplaire à leur siècle a empêché les bons auteurs de toucher à l'histoire de leur âge, quelle doit être la difficulté d'écrire celle de la semaine, voire du jour même où elle est publiée! Joignez-y la brièveté du temps que l'impatience de votre humeur me donne, et je suis bien trompé si les plus rudes censeurs ne trouvent digne de quelque excuse un ouvrage qui se doit faire en quatre heures de jour, que la venue des courriers me laisse, toutes les semaines, pour assembler, ajuster et imprimer ces lignes. En une seule chose, ajoute-t-il, ne céderai-je à personne, en la recherche de la vérité, de laquelle néanmoins je ne me fais pas garant, étant malaisé qu'entre cinq cents nouvelles écrites à la hâte, d'un climat à l'autre, il n'en échappe quelqu'une à nos correspondants qui mérite d'être corrigée par son père le temps. » C'est là un inconvénient inévitable, qui n'a rien de bien dangereux quand la mauvaise foi n'y est pour rien; « peut-être même se trouvera-t-il des personnes curieuses de savoir qu'en ce temps-là tel bruit était tenu pour véritable. » Cependant, pour en atténuer encore les conséquences, Renaudot prit le parti de publier à la fin de chaque mois un numéro supplémentaire qui en résumait et en éclairait les événements; mais, « quelques-uns trouvant trop libre la naïveté des jugements qu'il croyait être obligé de faire dans ces relations des mois, sous le titre d'État général des affaires », il fut obligé d'y renoncer, pour s'en tenir à son rôle de greffier, et il les remplaça par des suppléments contenant « la seule et simple narration des choses qui se trouvaient le mériter, à mesure qu'elles se présentaient. »

Cependant l'idée dont Renaudot avait déposé le germe dans ses relations des mois porta ses fruits; elle fut reprise par d'autres novateurs, qui firent de ces résumés mensuels des publications spéciales et régulières, auxquelles on courut comme aux gazettes, tant la soif des nouvelles était bientôt devenue grande. De là ce que nous appelons aujourd'hui des *revues*, et qu'on désigna alors sous le nom général de *mercures*. Dans ces recueils à périodicité beaucoup plus restreinte, et dont, selon l'expression de Bayle, les gazettes étaient les mères nourrices, les faits sont plus condensés, présentés dans un certain ensemble, et quelquefois raisonnés; ce genre, tout du moins, se prête mieux à l'examen, à la discussion, à la critique même.

Les premières de ces revues motivèrent précisément leur publication par la nécessité de remédier à la hâte excessive avec laquelle les feuilles hebdomadaires compilaient leurs nouvelles afin d'en trouver le débit.

Par un contraste étrange, mais très-naturel néanmoins, lorsque les gazettes, qui tendirent toujours à rapprocher les intervalles de leur publication, afin de suivre de plus près les événements et de satisfaire plus vite et plus complétement la curiosité, arrivèrent à être quotidiennes, et se trouvèrent forcément par leur prix hors de la portée du plus grand nombre, il s'établit, en faveur des lecteurs moins opulents et moins pressés, des gazettes hebdomadaires, résumant, à la fin de chaque semaine, les événements des six jours précédents, donnant en substance et sous forme de sommaire ce que les feuilles quotidiennes avaient donné en détail.

Entre la gazette et le mercure se placèrent d'assez bonne heure des recueils de mélanges, comprenant à la fois des nouvelles et des écrits de natures diverses, et ce que nous avons appelé depuis la petite presse, le petit journal, publications qui présentaient les faits d'une façon plus légère, d'une façon burlesque, comme on disait au milieu du dix-septième siècle, allant même parfois jusqu'à la satire, qui enfin se proposaient autant d'amuser le lecteur que de l'instruire.

Mais à côté du journalisme politique s'éleva insensiblement, ici un peu plus tôt, là un peu plus tard, un autre journalisme, aux formes multiples comme les mille intérêts divers auxquels il s'adressait. L'instrument créé, on en avait bien vite apprécié l'importance, et on ne devait pas tarder à en étendre l'usage, à appliquer ce mode si merveilleux de propagation aux besoins de l'esprit et du corps, aux lettres, aux sciences, aux arts, à toutes les branches de l'administration, du commerce, de l'industrie.

Je vais essayer de présenter le tableau chronologique de ces formes diverses successivement revêtues par le journal, de montrer comment se sont agrégés peu à peu les éléments qui ont constitué le journalisme — en France, du moins, et en Angleterre, car je manque des éléments nécessaires pour me prononcer sur le développement de la presse périodique chez les autres nations, et je ne puis promettre à ce dernier sujet que des données malheureusement vagues et décousues. Du reste, si la France, placée sous le régime du privilége et du monopole, est restée jusque dans les dernières années du dix-huitième siècle en arrière des pays voisins sous le rapport de la presse politique, elle les a devancés dans presque toutes les autres voies que s'est frayées le journal. Ce tableau, dans tous les cas, et si incomplet qu'il soit, ne sera pas sans utilité pour les historiens de la presse des autres États; il leur servira de terme de comparaison et leur permettra de déterminer plus sûrement la part qui peut revenir à leur pays dans ces conquêtes de l'intelligence — et de l'industrialisme.

Diverses sortes de journaux.

Presse industrielle et commerciale. — La publicité commerciale est aussi ancienne en France que la publicité politique; elles sont toutes les deux sorties du même berceau; elles ont toutes les deux le même père. Dès avant la création de la *Gazette*, Renaudot avait établi, sous le titre de *Bureau d'adresse et de rencontre*, un centre d'information et de publicité, une sorte de bureau de placement et de commission, et il lui donna en 1633 un organe qu'il intitula *Feuille du Bureau d'adresse*, et qui, par le fond, ressemble absolument à nos feuilles d'annonces actuelles : ce sont des terres et des maisons à vendre ou à louer, des offices et des meubles à vendre, des demandes de maisons à louer, etc.; sous le titre d'*affaires mêlées* — avis divers — on offre de donner l'invention de nourrir quantité de volailles à peu de frais, on demande un homme qui sache mettre du corail en œuvre, on demande à emprunter de l'argent sur bonnes assurances, on propose de céder pour 48 livres un atlas de Henricus Hondius, etc., etc.

Nos Petites-Affiches actuelles, qui sont une continuation lointaine de la Feuille du Bureau d'adresse, datent de 1751.

La première feuille d'annonces anglaise, le *Public Advertiser*, date de 1657.

Annonces dans les journaux.

La plus ancienne annonce insérée dans un journal anglais se trouve dans le septième numéro de l'*Impartial Intelligence*, publié le 12 avril 1649 : un gentilhomme de Candish, dans le comté de Suffolk, offre une récompense pour deux chevaux qui lui ont été volés. Pendant plusieurs années on ne rencontre dans les journaux qu'un très-petit nombre d'annonces, ayant trait uniquement à des livres ou à des remèdes. C'est dans une annonce qu'il est fait mention pour la première fois du thé, qui est devenu de nos jours presque aussi indispensable aux Anglais que le pain; cette annonce se trouve dans le *Mercurius politicus* du 30 septembre 1658, en ces termes : « Cette boisson chinoise excellente, et approuvée par tous les médecins, que les Chinois appellent *tcha*, et d'autres nations *tay* ou *tee*, se vend à Londres, au café de la Tête de la Sultane. ».

En France également ce n'est qu'assez tard que les annonces, dont la *Gazette* prétendait avoir le monopole, se montrent dans les journaux ; et quant à la Gazette elle-même, c'est seulement vers le milieu du dix-huitième siècle qu'elle admet des annonces de livres, de gravures et de musique, bien qu'on trouve des exemples de réclames dès ses premiers numéros. Mais Colletet, le « poëte crotté », avait commencé en 1676 un *Journal de la ville de Paris*, appelé ensuite *Journal des avis et des affaires de Paris*, qui offre cette particularité remarquable, et dont il n'y a pas, à ma connaissance, d'exemple antérieur, que les deux dernières pages sont occupées par des annonces rangées sous une rubrique spéciale, et imprimées en caractères différents de ceux du corps du journal.

Mais si nous avons quelque peu devancé les Anglais dans cette voie, ils nous y ont bien vite et de bien loin distancés. Les annonces ont pris dans les journaux anglais, depuis le commencement de ce siècle, une extension dont on ne saurait se faire une idée si l'on n'a eu sous les yeux quelqu'une de ces feuilles colossales auprès desquelles nos plus grandes paraissent si petites, et dont on a d'autant plus lieu de s'étonner, si l'on songe que les annonces ont été frappées jusqu'à ces dernières années d'un impôt très-lourd, qui s'est élevé jusqu'à 4 fr. 40 c. par annonce, et qui en dernier lieu était encore de 1 fr. 80. Je trouve sur ce sujet dans le livre de M. Cucheval Clarigny des détails on ne peut plus curieux, dont je suis heureux de faire profiter mes lecteurs.

En Angleterre, comme partout ailleurs, les journaux, à leur début, avaient pour unique objet de recueillir les nouvelles et de les porter à la connaissance du public. Plus tard ils devinrent, dans les mains des partis, des instruments politiques, et tel fut leur caractère pendant la durée du dix-huitième siècle. Avec le siècle nouveau commence pour eux une troisième période : les combinaisons politiques cèdent le pas, dans leurs colonnes, aux besoins nouveaux qu'engendrent les grands intérêts mercantiles ou industriels. Ils ne se bornent pas à faire une place chaque jour plus considérable aux annonces ; ils n'épargnent rien pour conquérir, en fait d'annonces, une clientèle spéciale, qui leur assure d'un côté un revenu constant, et de l'autre des lecteurs assidûs; on peut même citer des exemples de journaux créés uniquement en vue d'une catégorie d'annonces. Ainsi les libraires de Londres, mécontents de voir leurs annonces, exclues de la première page, reléguées à la quatrième, et souvent retardées de plusieurs jours, fondent à la fois une feuille du matin, la *British Press*, et une feuille du soir, le *Globe*, qui existe encore, pour faire paraître leurs annonces quand et comment il leur plairait. Ainsi encore les restaurateurs et les taverniers de Londres, s'étant avisés qu'ils contribuaient puissamment à la fortune des journaux par leurs annonces, et surtout par les exemplaires qu'ils achètent pour l'usage de leurs consommateurs, se réunissent pour fonder un journal qui aurait seul entrée dans leurs établissements, et ils affectent les bénéfices de l'entreprise à l'association de secours mutuels créée entre eux ; ce journal, commencé en 1793, se continue dans les mêmes conditions : c'est le *Morning Advertiser*.

Citons un exemple plus frappant encore de cette puissance de la spécialité — et de l'habitude — chez nos voisins. Le plus ancien des journaux politiques quotidiens de Londres, le *Public Ledger*, vit depuis un siècle sur l'habitude contractée par le commerce de chercher dans ses colonnes les annonces et les nouvelles maritimes. Et chose remarquable en face de l'extension des autres journaux, il conserve encore en 1866 le format exigu et la contexture qu'il prit en venant au monde, en 1766. Plusieurs tentatives ont bien été faites pour l'agrandir et le transformer en un journal complet, pour le mettre à la taille de ses confrères du matin : elles ont toujours échoué, et, après chaque essai, le *Ledger* est revenu à son mode habituel de publication, qui assure à ses propriétaires un revenu fixe et assez brillant. Telle est, d'ailleurs, la puissance d'une clientèle solide qu'il ne serait au pouvoir d'aucun des grands journaux de Londres de faire concurrence à cette feuille, en apparence insignifiante, dont la rédaction politique est à peu près nulle, et qui ne tente aucun effort pour se procurer cette riche variété de renseignements qui fait le mérite des autres journaux du matin. Depuis cent ans, les armateurs, les commissionnaires en marchandises, les négociants à l'importation, sont habitués à trouver dans le *Public Ledger* les nouvelles de mer, la liste des arrivages, les annonces des cargaisons et des parties de marchandises à vendre, et ils sont tous obligés de recevoir ce journal; et précisément parce qu'ils le reçoivent tous, tous les gens qui ont un navire ou des marchandises à vendre sont forcés de mettre leurs annonces dans le *Ledger*. C'est ainsi qu'une spécialité reconnue et consacrée par de longues années assure à une feuille des plus médiocres une vente quotidienne qui suffit à ses frais, et des annonces qui lui donnent un assez beau revenu.

Dès les premières années de ce siècle chacun des grands journaux anglais avait sa spécialité en fait d'annonces : pour le *Morning Post* c'étaient les chevaux et les voitures; pour le *Public Ledger*, les armements maritimes et les ventes en gros de marchandises étrangères; le *Morning Herald* et le *Times* se partageaient les adjudications d'immeubles; le *Morning Chronicle* avait la pratique des éditeurs. Cette répartition des annonces n'a presque pas changé; on ne peut ouvrir le *Times* sans y trouver trois ou quatre colonnes au moins de ventes immobilières. Le géant de la presse anglaise a deux autres spécialités encore, ou plutôt il a le monopole absolu de deux sortes d'annonces. C'est à lui que s'adressent tous les gens qui cherchent un emploi et tous ceux qui cherchent un employé. Tous les jours des centaines de laquais, valets de chambre, domestiques, bonnes, cuisinières, etc., demandent une place par la voie du *Times*, et tous les jours aussi des centaines de personnes demandent dans les colonnes parallèles un domestique, une bonne, un commis, une institutrice. Ces annonces, qui n'ont chacune que deux lignes, trois au plus, constituent un des plus beaux revenus du *Times*. L'autre spécialité est plus étrange encore. La quatrième colonne de la première page — la première est consacrée aux faire-part de naissances, de mariages et de décès — est une sorte de poste aux lettres supplémentaire, qui offre un ingénieux moyen de correspondre sans rompre l'anonyme et sans savoir l'adresse des gens. Il ne se passe guère de jour sans que quelque femme abandonnée ou quelque famille attristée n'adresse par la voie du *Times* un appel à un époux fugitif, à un fils égaré, à une fille en route pour quelque Gretna-Green continental. Toutes les lettres de l'alphabet s'appellent, se supplient et se menacent réciproquement dans cette quatrième colonne. En 1852, dit M. Cucheval Clarigny, nous y avons vu chaque semaine, pendant près de trois mois, « une colombe qui n'avait plus qu'une aile » implorer à grands cris « le retour du ramier qui devait la protéger. »

Rien enfin de ce que nous voyons dans nos journaux ne saurait donner une idée de la variété et de la quantité des annonces publiées journellement par les feuilles anglaises. Les annonces commencent et finissent le journal; elles occupent au moins le quart de sa vaste superficie, qui dépasse de plus du double celle de nos plus grands journaux; ce qui n'empêche pas quelques-uns de publier plusieurs fois par semaine des suppléments de quatre et même de huit pages remplis tout entiers d'avis au public. Le *Times* à ses 8 pages habituelles ajoute tous les jours 8 pages supplémentaires d'annonces, 48 colonnes, chacune de 300 lignes, en caractères des plus menus et des plus serrés. Que l'on ajoute les 12 colonnes au moins déjà consacrées aux annonces dans le corps du journal, et que l'on calcule ce qui doit entrer journellement, de ce chef, dans la caisse de cette colossale entreprise.

Et tel est cependant l'ordre qui règne dans cette partie du journal, comme dans toutes les autres, du reste, que le lecteur anglais trouve instantanément dans cet océan de lignes microscopiques ce qu'il a intérêt à trouver. La presse anglaise a proclamé l'égalité des annonces. Dans les journaux français l'annonce tient encore beaucoup de l'affiche; elle recherche la singularité dans la rédaction et dans les caractères; elle prend volontiers des proportions immenses; ajoutons que la plupart du temps elle est présentée de la façon la plus inintelligente. Dans les journaux anglais, toutes les annonces sont imprimées dans le même caractère et dans la même forme, avec des titres de la même dimension; il est rare qu'elles dépassent dix ou douze lignes, si ce n'est pour les propriétés à vendre, dont la description est quelquefois donnée avec d'amples détails. Enfin les annonces sont classées méthodiquement, de sorte que toutes celles qui sont de même nature se trouvent à côté les unes des autres.

Et ce n'est pas seulement dans les journaux politiques qu'on trouve ces masses d'*avertissements :* les annonces littéraires occupent de 80 à 200 pages dans certaines revues anglaises.

Eh bien, tout cela n'est rien encore auprès de ce qui se voit aux États-Unis : on ne saurait se faire une idée du développement qu'ont pris les annonces au delà de l'Atlantique. On n'évalue pas, ou du moins on n'évaluait pas à l'époque où écrivait M. Cucheval Clârigny, en 1857, à plus de 2 millions par an le nombre des annonces publiées par tous les journaux anglais réunis, et en portant à 10 millions le nombre de celles que publient annuellement les feuilles américaines, on est plutôt au-dessous qu'au-dessus de la vérité. Les annonces tiennent la principale place dans les journaux des États-Unis, comme dans les habitudes du public américain; ils n'existent que par elles et pour elles. Les journaux à 2 cents donnent à leurs lecteurs quatre pages de matière et quatre pages d'annonces; les journaux à 1 cent consacrent aux annonces trois pages sur quatre. A mesure que l'on s'éloigne des bords de l'Atlantique, où le public a certaines exigences littéraires et où la concurrence commande d'offrir quelque pâture au lecteur, la part faite aux annonces va toujours en augmentant. Ainsi Saint-Louis du Missouri, ville de 45,000 âmes et métropole d'un État, possède un journal quotidien plus grand de format que le *Times*, imprimé en caractères beaucoup plus serrés et plus fins, et qui est tout entier, sauf quatre colonnes, rempli par les avertissements. Cette prodigieuse multiplication des annonces s'explique par l'absence de tout autre moyen de publicité et par un bon marché extrême. Une annonce de quatre lignes coûte 25 cents la première fois, et elle peut être répétée indéfiniment à raison de 12 cents par fois. Des arrangements interviennent en outre entre le journal et ses clients, et il n'est pas rare dans l'Ouest de voir le prix des annonces acquitté en nature. Cependant le mode le plus usité parmi les commerçants et les industriels consiste à louer à l'année dans un journal un emplacement spécial et toujours le même. Le locataire alors dispose souverainement de l'espace qui lui est attribué par son marché; il peut disposer et faire imprimer son annonce comme il l'entend, en long, en large, en diagonale, en rond, en losange, la tête en bas, etc., et l'illustrer, si bon lui semble, d'une vignette, des armes parlantes de son commerce ou de son industrie.

En Amérique comme en Angleterre l'annonce est entrée dans les mœurs au point d'être devenue une nécessité, un ressort indispensable. Il s'en faut de beaucoup qu'il en soit ainsi en France. L'annonce est restée chez nous une affaire entre quelques industriels, presque toujours les mêmes, et quelques courtiers, qui l'ont tuée par d'étroits calculs. Le public n'intervient que par ses plaintes contre ce qu'il regarde, non sans raison, comme un tort qui lui est fait, comme une diminution de la pâture à laquelle il croit avoir droit en retour de son argent. Que la quatrième page du journal soit consacrée aux annonces, il l'admet volontiers; mais qu'elles empiètent sur la troisième, au point souvent de la remplir, qu'elles débordent même jusque sur la deuxième, il trouve à bon droit le procédé exorbitant. De là contre les annonces une répulsion très compréhensible.

C'est depuis 1828 seulement que les annonces sont devenues pour les journaux français une branche de revenu appréciable; mais dès les premières années de la monarchie de Juillet elles avaient pris assez de développement pour donner à quelques journaux qui comptaient 8 à 10,000 abonnés, tels que le *Journal des Débats* et la *Gazette de France*, un produit de 200 à 250,000 fr. par an. La page d'annonces rapportait alors 1,000 fr. en détail, 720 fr. lorsqu'une personne la prenait à forfait. A certaines époques, il fallait attendre parfois plus de huit jours son tour d'insertion, et les *Débats* alors publiaient de temps en temps des suppléments pour se mettre au pair : naïveté importée de la perfide Albion, et que le journalisme moderne ne pouvait manquer de répudier.

En 1845 une compagnie s'était formée pour imprimer l'impulsion à l'annonce et tâcher de la faire passer dans nos habitudes. Cette société, à la tête de laquelle était un homme capable, M. Duveyrier, afferma au prix de 300,000 fr. la quatrième page de chacun des quatre grands journaux : les *Débats*, le *Constitutionnel*, le *Siècle* et la *Presse*. Plus de deux cents bureaux furent ouverts sur les différents points de Paris pour recevoir les insertions, et pour les chercher une armée d'agents allait frapper à toutes les portes. Cette tentative n'eut qu'un succès médiocre, et elle sombra finalement dans la bourrasque de 1848.

Le lecteur sait la place qu'occupent aujourd'hui les annonces dans les journaux français, place trop petite, sans doute, au gré des propriétaires ou des courtiers, pour quelques-uns desquels elles constituent de magnifiques revenus, mais beaucoup trop large au gré du public, sur les jouissances duquel sont prélevés ces bénéfices immodérés.

Petite presse, Gazettes en vers. — L'origine de ce que l'on a appelé la petite presse, les petits journaux, est presque aussi ancienne que celle du Journal lui-même; c'est au milieu des troubles de la Fronde qu'on trouve le berceau de ce genre éminemment français. On sait quel nombre prodigieux d'écrits polémiques enfanta cette époque d'effervescence. Dans la multitude de ces pamphlets, satires, libelles, en vers et en prose, — plus de 4,000, — qui sont demeurés connus sous le nom de *Mazarinades*, quelques-uns affectèrent les allures du journal; mais ces feuilles, *courriers*, *journaux*, *mercures*, n'ont eu en général qu'une existence éphémère, une très-médiocre importance. Il en faut cependant excepter les *gazettes en vers*, qui forment dans l'histoire de la presse périodique un épisode digne de remarque.

Tout alors en France s'écrivait en vers, les controverses comme les récits. Cet usage, nous dirions presque cet abus de la poésie, est un des caractères extérieurs de la Fronde, et à son tour la poésie de la Fronde a un caractère propre : elle est burlesque. Le burlesque était le genre à la mode depuis le *Typhon* de Scarron, publié vers 1640.

Parmi ces rimeurs, un nommé Loret s'était fait remarquer par son esprit naturel. « Comme il se plaisoit naturellement à la poésie, il se mit à écrire en vers ce qui se passoit chaque semaine, et il le faisoit assez heureusement pour divertir ceux à qui cela pouvoit être communiqué Ce n'étoit toutefois que pour plaire à une grande princesse et à un petit nombre de personnes de sa confidence, qui méritoient que l'on eût soin de leur agréer; tellement qu'il ne se faisoit qu'une copie de son ouvrage, qui étoit lue devant ceux qui la vouloient écouter, ou qui passoit en diverses mains. La curiosité de quelques gens fut cause que l'on en fit plusieurs autres copies manuscrites; mais, pour ce qu'il n'y avoit pas moyen d'en fournir à tous ceux qui en souhaitoient, et qui étoient des gens de considération, et même parce qu'en les transcrivant les copistes y ajoutoient toujours faute sur faute, il sembla plus à propos de les commettre à l'impression, qui est une invention excellente pour produire en même temps plusieurs exemplaires d'une seule pièce. » C'est en ces termes, curieux à plus d'un titre, que s'exprime le discours préliminaire sur la *Muse historique*, nom donné à la collection des Lettres en vers de Loret, que « vulgairement on avoit appelées, dès le commencement, la *Gazette burlesque*, à cause qu'elles rapportoient ce qui se passoit, et qu'elles le faisoient en style plaisant et agréable. »

On y trouve consignés, en effet, racontés même quelquefois avec beaucoup d'esprit, tous les faits remarquables, politiques, littéraires, industriels même, pour une période de quinze années (1650-1665), remplie d'événements de toutes natures, avec une foule de traits, de particularités enfin, qu'on ne saurait trouver ailleurs. C'est bien la patrone de ces *chroniques*, de ces *courriers*, dont les journaux ont depuis tant usé et abusé.

La forme de la Gazette burlesque mérite d'être remarquée : elle est in-folio à deux colonnes, mais les lignes sont plus ou moins espacées, et le caractère plus ou moins fort, selon que la verve de Loret avait été plus ou moins féconde. L'imprimeur s'arrangeait toujours de manière à terminer au bas de la troisième page, afin de laisser la quatrième blanche. Il faut croire néanmoins qu'on les envoyait sous bande ou sous enveloppe, car parmi les lettres originales, assez nombreuses, conservées à la Bibliothèque impériale, et qui ont encore pour la plupart la marque de leurs plis, on ne voit pas de nom tracé sur la quatrième page, si ce n'est sur une seule, qui porte cette suscription manuscrite : « Pour monseigneur le cardinal. »

Feuilleton-Roman.

Le cadre des Lettres en vers, avec quelque esprit qu'il fût rempli, ne présentait pas assez de variété pour captiver longtemps les esprits. Un des nombreux continuateurs et imitateurs de Loret, — il en eut même à l'étranger, notamment à Amsterdam, — s'avisa, « pour plaire aux goûts divers, d'ajouter de la prose aux vers ». Les *Lettres en vers et en prose* de Mayolas sont semblables pour le format et la disposition aux Lettres de Loret; seulement la quatrième page, au lieu d'être blanche, contient une partie en prose, un roman en lettres, qui se continue de numéro en numéro, et constitue ainsi ce qu'on a appelé depuis le feuilleton-roman, auquel on n'aurait probablement pas soupçonné une origine aussi ancienne. Chaque feuilleton se compose d'une lettre de l'amant et de la réponse de l'amante, d'une étendue à peu près égale, disposées en regard l'une de l'autre, et caractérisées par un substantif ou une courte phrase placée en tête, ainsi : *Offre de service. Rebut. — Persévérance. Colère. — Présent. Fierte radoucie. — Proposition de mariage. Réfutation. — Départ. Regret. — Absence. Solitude. — Retour. Surprise*, etc., etc. Ainsi embarqués sur l'esquif du sentiment, nos amants naviguent pendant *plusieurs années* sur le fleuve du Tendre, et cette longue pérégrination est marquée par toutes les péripéties que comportait alors un pareil voyage, jusqu'à ce qu'enfin ils arrivent au port heureux de l'Union.

Cette nouveauté, si remarquable pourtant, ne rencontra point d'imitateurs, et il nous faut descendre jusqu'au commencement du dix-neuvième siècle pour trouver l'origine du véritable feuilleton. Ce sont les propriétaires du *Journal des Débats* qui imaginèrent, en 1800, d'ajouter à leur feuille cet appendice, qui pendant longtemps fut presque exclusivement consacré à la critique littéraire et artistique. Le feuilleton-roman, c'est-à-dire le feuilleton consacré à une histoire romanesque savamment délayée et servie au lecteur affamé bouchée à bouchée, ne date guère, du moins sa grande vogue, que de 1836, de la révolution apportée dans le journalisme par la presse à 40 fr. La combinaison reposait, comme nous l'avons dit, sur le produit des annonces; or, pour avoir des annonces il fallait avoir des abonnés beaucoup d'abonnés, et pour avoir des abonnés il fallait leur offrir autre chose que de la politique, nourriture devenue fort creuse et de moins en moins goûtée. Le journal chercha donc, à côté des lecteurs politiques, de nouveaux lecteurs, des lecteurs *littéraires*, si l'on pouvait ainsi dire. Le feuilleton revêtit alors la forme nouvelle que nous lui voyons aujourd'hui, et il devint bientôt toute ou presque toute la littérature française.

Cependant, en mariant la prose aux vers, Mayolas avait indiqué un progrès qui fut réalisé quelques années après, en 1672, par le *Mercure galant*, le prototype des petits journaux. Le *Mercure*, dont tout le monde connaît la grande vogue et la longue carrière, était originairement rédigé sous la forme d'une lettre dans laquelle venaient s'enchâsser les nouvelles politiques et littéraires, les petits faits, les historiettes, les poésies, toutes les matières, en un mot, qui sont le butin des chroniques, courriers, feuilletons de théâtre et revues d'aujourd'hui. La grande innovation qu'il apporta dans le domaine de la presse était l'alliance de la politique et de la littérature. La combinaison de ces deux éléments dans une publication périodique constituait pour l'époque, et dans les circonstances où elle se produisit, un véritable progrès.

Revues. — Le nom de *Mercure* fut employé dans l'origine, nous le savons déjà, pour désigner les recueils périodiques que nous appelons aujourd'hui des revues. Le *Mercure galant* était bien une revue, mais une revue essentiellement légère, comme son titre le donne lui-même à entendre, qui ne faisait qu'effleurer les objets, au moins dans ses commencements, car il devint de plus en plus sérieux à mesure qu'il avança en âge. En 1681 avait paru à Londres, sous le titre de *Monthly Recorder*, un recueil destiné à remédier aux inconvénients résultant de la hâte avec laquelle se faisaient les recueils hebdomadaires (the haste in which the Weekly Gazettes, Intelligences, Mercuries, Currants, and other News-Books are pot together to make their News Sell); mais c'était plutôt une gazette mensuelle qu'une revue. Cette publication, d'ailleurs, n'eut pas de durée. Pour trouver un recueil qui réponde mieux, quoique de loin encore, à l'idée que nous nous faisons d'une revue, il faut descendre jusqu'en 1686, et au *Mercure historique et politique*, dont la publication fut commencée cette année-là en Hollande, par des réfugiés français. Encore ce recueil, comme presque tous ceux qui furent créés à son imitation à Amsterdam ou à La Haye, tenait-il beaucoup du pamphlet, et la première revue véritablement digne de ce nom, le premier journal historique et littéraire sérieux, ne parut qu'au commencement du dix-huitième siècle : c'est la *Clef du cabinet des princes de l'Europe*, plus connue sous le nom de *Journal de Verdun*, qui commença à paraître à Luxembourg, en 1704. Londres avait eu en 1692 une sorte de Mercure galant, un recueil de mélanges, comprenant à la fois des nouvelles et des écrits de nature diverse, prose, vers, traductions : c'était le *Gentleman's Journal*, fondé par un réfugié français, Pierre Motteux, et qui vécut trois ans.

Presse littéraire et scientifique. — Mais il nous faut revenir sur nos pas pour marquer l'origine de la presse littéraire, origine, du reste, assez tardive. Ce ne fut en effet que plus d'un demi-siècle après l'invention du journal que l'idée vint de faire l'application de ce merveilleux instrument de publicité au domaine des lettres et des sciences. Le premier né de tous les recueils littéraires et scientifiques est notre *Journal des savants*, dont le premier numéro parut le 5 janvier 1665, et qui à l'honneur d'être « le père de tous les ouvrages de ce genre dont l'Europe est aujourd'hui remplie » joint celui, non moins grand, de s'être maintenu depuis deux cents ans à la première place, et presque toujours avec distinction.

Cette création, due à un conseiller au parlement de Paris nommé Denis de Salles, et qui nous paraît aujourd'hui si simple, eut dans son temps toute l'importance d'une découverte; on s'étonna qu'on eût été jusqu'au milieu du dix-septième siècle sans s'aviser d'une idée si simple et si féconde, d'un projet si propre à hâter les progrès de la science, et il semble qu'on ait voulu rattraper le temps perdu. A peine né, le *Journal des savants* fut traduit, imité, contrefait, dans les principales langues de l'Europe. Quelques semaines à peine après son apparition, la Société royale de Londres commençait, sur le même plan, la publication des *Philosophical Transactions*, et le dix-septième siècle n'était pas achevé que déjà Moretti et Miletti à Venise, Cinelli à Florence, Bacchini à Parme, Philippe della Torre à Modène, Menckenius et Tentzel à Leipsick, Bayle, Leclerc et Basnage en Hollande, sans parler d'autres écrivains moins heureux ou moins persévérants, fondaient le *Giornale de' litterati*, la *Bibliotheca volante*, les *Acta eruditorum*, les *Nouvelles de la république des lettres*, la *Bibliothèque universelle*, l'*Histoire des ouvrages des savants*, etc., etc.

A la suite de ces maîtres se précipita bientôt le *servum pecus imitatorum ;* ce fut, au milieu du dix-huitième siècle, comme un débordement de publications prétendues littéraires, contre lequel les écrivains du temps ne cessent de s'élever. « Le premier journal « littéraire qui ait paru en France, lit-on « dans l'*Encyclopédie méthodique*, est celui « qu'on appelle le *Journal des savants*, qui « a été inventé pour le soulagement de ceux « qui sont ou trop occupés ou trop pares- « seux pour lire les livres entiers. C'est un « moyen de satisfaire sa curiosité et de de- « venir savant à peu de frais. Comme ce « dessein a paru très-commode et très-utile, « il a été imité dans la plupart des autres « pays, sous une infinité de titres différents. « Depuis ce temps-là il n'a cessé d'en pa- « raître sous toutes sortes de titres et de for- « mes. Tout écolier au sortir du collége, « sans être en état d'écrire dix pages sur « aucun objet de littérature et de phi- « losophie, se croit en état d'annoncer « par souscription un journal, où il juge « d'un ton tranchant les plus grands écri- « vains et les meilleurs philosophes. » — « On répand tous les jours le prospectus de nouveaux journaux, qu'on distribue dans le plus grand appareil, avec les vues les plus belles pour le bien du royaume et la prospérité de l'Etat. » — « Les journaux de toute espèce sont actuellement la grande ressource de toute la petite littérature, parce que c'est tout ce qu'il y a de plus aisé à faire. » — « Les ouvrages périodiques se multiplient sous toutes sortes de formes avec un excès fastidieux... On veut essayer de tout, et sous l'air de nouveauté, sans rien de nouveau que le titre, les plus médiocres productions trouvent des lecteurs. »

C'est qu'un « journal présente une sorte de spectacle, où il se trouve toujours quelque scène agréable ». C'est que « la curiosité d'une part, la paresse et l'économie de l'autre, y trouvaient leur compte. La fécondité accablante des presses ne permettait pas de voir, de connaître par soi-même toutes les productions qui en sortaient. On aimait pourtant à être instruit de leur naissance et guidé dans le choix qu'on en pouvait faire ; or, on se flattait de s'épargner à peu de frais, en souscrivant pour un journal, l'ennui de lire un gros livre ou le regret d'en acheter un mauvais ».

Ce « goût du public pour les journaux, pour les feuilles, pour tout ce qu'on nommait périodique ne pouvait manquer d'être exploité. » La spéculation n'avait pas tardé à s'emparer du journal. C'était en effet un excellent véhicule pour les productions de la librairie, à cette époque où les moyens de publicité, comme les moyens de communication, étaient si incomplets. De là cette foule de feuilles, dont quelques-unes n'étaient guère que des catalogues, où dans tous les cas la critique n'avait rien à voir, quelques beaux semblants qu'elles revêtissent. La faculté critique, en effet, est assurément une des facultés les moins communes ; outre une organisation spéciale, le métier de critique demande de patientes et longues études, des connaissances presque universelles, une grande expérience et un grand sens. Mais on savait dès ce temps-là se passer de tout ce bagage ; alors, comme aujourd'hui, les éditeurs avaient à leur disposition un troupeau de faiseurs imberbes qui n'auraient pas su coudre ensemble deux idées, mais qui n'hésitaient pas à s'ériger en juges, et se donnaient des grands airs d'aristarques, écrivains affamés, qui, suivant la singulière expression de Delisle de Sales, « dînaient d'une analyse et s'habillaient d'une satire à la manufacture des jugements périodiques ».

Et ce n'est pas seulement en France que sévit cette « intempérie littéraire » ; sans parler des autres pays, l'Allemagne n'aurait pas eu moins à en souffrir, si l'on en juge par ce qu'écrivait Menckenius dès les premières années du dix-huitième siècle, en se plaignant de la surabondance des journaux : *Plura dixeris in sola Germania pullulasse brevi tempore quam fungi nascuntur una nocte* (Jugler, *Bibliotheca historiæ litterariæ*, t. 2, p. 472).

Il s'en fallait de beaucoup cependant que la presse jouît, au dix-huitième siècle, de sa pleine et entière liberté, surtout en France. Les priviléges accordés à nos premiers journaux leur assuraient : à la *Gazette* le monopole de la presse politique et commerciale ; au *Journal des savants* celui de la presse littéraire et scientifique ; au *Mercure* celui de la petite presse, de la presse semi-littéraire, semi-politique.

Le domaine de la *Gazette* fut longtemps respecté : la politique alors, c'était l'arche sainte, à laquelle il était défendu de toucher sous peine de mort.

On pouvait sans inconvénient laisser un champ plus libre à la presse littéraire. Cependant les premiers qui voulurent marcher sur les pas du *Journal des savants* durent recourir aux presses étrangères. Mais on comprit bientôt que la rigueur sur ce point était au moins inutile ; on capitula, et moyennant un tribut de 300 francs payé au suzerain des recueils littéraires, le premier venu à peu près obtint la permission d'avoir son petit journal. Nous venons de dire comment le mouvement, d'abord lent, s'était ensuite précipité jusqu'au débordement.

Le *Mercure*, sur le domaine duquel cette bande d'affamés empiétait beaucoup plus que sur celui du *Journal des savants*, poussa les hauts cris, fatiguant de ses plaintes et la ville et la cour, et les tribunaux et le conseil ; mais il eut beau dire et beau faire : la digue était rompue ; il lui fallut vivre côte à côte avec cette multitude d'intrus qui réclamaient leur place au soleil, et dont chacun, d'ailleurs, prétendait marcher dans une voie nouvelle, inexplorée, non, par conséquent, fermée par le privilége.

La concurrence, en effet, n'avait pas tardé à tourner l'obstacle que lui opposaient les trois priviléges dont nous venons de parler ; la publicité périodique avait été successivement étendue à toutes les branches de l'administration, de la science, de l'industrie, et chaque matière, chaque spécialité, avait eu de bonne heure son journal. Voici dans quel ordre, à ma connaissance, se sont produites ces tentatives dans les différents genres.

Jurisprudence. — Premier journal en 1672 : *Journal du Palais*, ou Recueil des principales décisions de tous les parlements et cours souveraines de France.

Médecine. — Le premier recueil conservé à la Bibliothèque impériale est de 1673 ; il nous est venu de Copenhague et a pour titre : *Thomæ Bartholini Acta medica et philosophica hafniensia. Hafniæ*, 1673-1680, 5 tom. en 4 vol. in-8°.

Le premier journal de médecine français est de 1679 ; ce sont les *Nouvelles découvertes dans toutes les parties* de la médecine, par Nicolas de Blégny.

Religion. — En 1680 : *Journal ecclésiastique*, ou Mémoires de l'Église, par l'abbé de la Roque.

Bibliographie. — Comme premiers essais je citerai une *Bibliographia parisina* et une *Bibliotheca gallica*, l'une et l'autre par le Père Jacob, catalogues, par ordre de matières, des livres publiés à Paris et dans le reste de la France de 1643 à 1653. — Au mois d'avril 1680 parut à Londres le premier numéro d'un *Mercurius librarius*, *or a faithful Account of all Books and Pamphlets*, en tête duquel on lisait ce curieux avertissement : « Tous les libraires qui approuvent l'idée de publier ce catalogue toutes les semaines, ou au moins tous les quinze jours, sont priés d'envoyer à un des entrepreneurs, aussitôt la publication, les livres, brochures ou feuilles qu'ils désirent y voir mentionnés, afin qu'ils puissent être classés dans l'ordre où ils sont publiés. Les livres leur seront rendus sur leur demande. Pour prouver qu'ils n'ont en vue que l'avantage commun de la profession, les entrepreneurs n'exigeront que six pence pour mentionner un livre, et douze pence pour toute autre annonce relative à la librairie, à moins qu'elle ne soit excessivement longue. » C'était, comme on le voit, une simple feuille d'annonces de librairie ; elle fut bientôt suivie d'une autre, publiée en concurrence par quelques confrères jaloux, le *Weekly Advertisement of Books*.

C'est seulement en 1758, à ma connaissance du moins, que la France eut un journal bibliographique, les *Annales typographiques*, ou Notice du progrès des connaissances humaines ; mais c'était cette fois une véritable œuvre bibliographique, dans toute l'acception du mot.

Morale et Philosophie. — Les premières années du dix-huitième siècle virent naître en Angleterre un genre de journaux qui n'a eu qu'une existence momentanée, mais qui est resté célèbre, des journaux où la morale, la philosophie, la peinture de la société, tenaient la principale place, et dont le *Spectateur* est demeuré le modèle. La voie avait été ouverte en 1705 par Daniel de Foë, dont la *Revue*, qui embrassait dans son plan la réforme des mœurs aussi bien que l'examen des actes du gouvernement, eut un grand succès. Mais une faveur plus grande encore accueillit le *Babillard* (1709), et le *Spectateur* (1711), fondés l'un et l'autre par Richard Steele, en collaboration avec Addison. La célébrité de ces recueils, du dernier surtout, qui est resté au nombre des livres les plus universellement goûtés de la littérature anglaise, devint bien vite européenne; aussi furent-ils traduits et imités dans toutes les langues.

La première imitation française fut faite en 1722 par Marivaux; mais le spirituel écrivain réussit mal dans ce genre si difficile. Son *Spectateur français* est resté bien loin de son modèle, et ceux qui ont tenté l'entreprise après lui n'ont pas été beaucoup plus heureux.

Magazines, Journaux de lecture. — Les journaux de lecture, de récréation, ont pris naissance en Angleterre, où leur création s'explique par la cherté des livres, demeurée telle jusqu'à ces dernières années que les ouvrages nouveaux ne pouvaient être achetés que par les grands seigneurs et par les cabinets de lecture. Le doyen des recueils de ce genre, qui sont devenus la principale lecture de la bourgeoisie anglaise, celui qui a donné son nom à cette nombreuse famille, est le *Gentleman's Magazine*, fondé en 1731 par le libraire Édouard Cave, qui imagina de naturaliser en Angleterre le mot français de *magasin*, et de l'appliquer à un recueil périodique où le lecteur trouverait *emmagasinées* des ressources contre l'ennui.

Dix ans après, un Français réfugié à Amsterdam baptisait de ce nom une revue politique, un mercure : le *Magasin des événements de tous genres,* passés, présents et futurs, historiques, politiques et galants, 1741, in-8°.

Les magazines ne s'implantèrent en France que très-tardivement; leur type chez nous est le *Magasin pittoresque;* cependant le vrai Magazine ne date guère que du *Journal pour tous*, c'est-à-dire de quelques années seulement.

Économie domestique. Industrie. — En 1751 : *Journal économique*, ou Mémoires, notes et avis sur les arts, l'agriculture, le commerce et tout ce qui peut avoir rapport à la santé, ainsi qu'à la conservation et augmentation des biens. — En 1759, sous le titre de *la Feuille nécessaire*, une sorte de bulletin des sciences, des lettres, des arts et de l'industrie..

Économie politique. — C'est en 1765 que les économistes songèrent à se créer un organe, destiné à propager la science nouvelle; ils lui donnèrent ce titre assez étrange : *Éphémérides du citoyen*, avec le sous-titre de *Chronique de l'esprit national*, qu'ils changèrent ensuite en celui, plus significatif, de *Bibliothèque raisonnée des sciences morales et politiques.* Par l'abbé Baudeau, le marquis de Mirabeau, Dupont de Nemours, etc.

Commerce. Agriculture. Finances. — En 1759 : *Journal de commerce*, qui devient bientôt *Journal de l'agriculture, du commerce et des finances*, par les apôtres des nouvelles doctrines économiques.

Théâtres. Musique. — En 1762 : *L'Observateur des spectacles*, par Chevrier, à La Haye.

Premier *Journal des théâtres* à Paris en 1770; commencé sous le titre de *le Nouveau Spectateur*, ou Examen des nouvelles pièces de théâtre, tant Français, Italien, qu'Opéra, dans lequel on a ajouté les ariettes notées.

Le premier journal de musique que j'aie rencontré et que mentionnent les bibliographes spéciaux est également de 1770 : *Journal de musique*, historique, pratique, sur la musique ancienne et moderne, dramatique et instrumentale, chez toutes les nations. Cependant Bayle, dans l'avertissement placé en tête des *Nouvelles de la république des lettres* (mars 1684), parlant de l'émulation qu'avait excitée l'invention si commode et si agréable de M. de Sallo, — le *Journal des savants*, — dit : « Cette émulation s'est augmentée de plus en plus, de sorte qu'elle s'est étendue non-seulement d'une nation à une autre, mais aussi d'une science à une autre science. Les physiciens et les chimistes ont publié leurs relations particulières; la jurisprudence et la médecine ont eu leur journal; *la musique aussi a eu le sien...* » Avant 1684! C'est un problème que je livre à la sagacité des intéressés.

Biographie. — En 1764 : *Nécrologe des hommes célèbres de France.* Avait été précédé d'une *Gazette des deuils,* que je n'ai pu rencontrer.

Éducation. — En 1768 : *Journal d'éducation,* présenté au roi par M. Le Roux, maître de pension.

Modes. — En 1768 : *Courrier de la mode*, ou Journal du goût, que je ne connais que par la mention qu'en font les Mémoires secrets et la Correspondance de Grimm, lequel lui a consacré une de ses plus charmantes pages.

Armée Marine. — En 1770 : *Encyclopédie militaire périodique*, par une société d'anciens officiers et de gens de lettres. — Notre *Journal militaire officiel* date de 1778.

Notre première feuille maritime parut à Brest, en 1778, sous le titre de *Journal de marine*, ou Bibliothèque raisonnée de la science du navigateur. Le prospectus de ce recueil avait été publié dès 1775, mais il avait fallu plus de deux années pour surmonter les obstacles que le département de la marine opposait à son émission.

On peut juger par ce tableau, si sommaire qu'il soit, des différents genres dans lesquels se sont exercés les journalistes au dix-huitième siècle, et encore devons-nous dire que si certaines feuilles affectaient une spécialité, le plus grand nombre visaient à l'universalité. En somme, on voit qu'il y a bien peu de routes qui n'aient été dès lors explorées, et on jugera mieux encore de ce développement du journalisme en se reportant à notre Bibliographie, où l'on trouvera, sur les feuilles que nous n'avons fait que nommer ici, tous les détails nécessaires.

Nous allons examiner maintenant sous quelles formes et dans quelles conditions le journal s'est successivement offert au public.

Forme et agencement des journaux; Circulation, etc.

Titre. — Nous avons vu quelles dénominations avaient prévalu, à l'origine, pour désigner les écrits périodiques. En France, les noms qu'on trouve le plus fréquemment employés d'abord sont ceux de Journal, de Courrier, de Mercure; les journaux français imprimés dans les pays voisins, en Hollande particulièrement, portent, pour la plupart, le titre de Gazette. Quelques titres à peine ont un caractère plus déterminé; citons cependant l'Élite des nouvelles, la Quintessence des nouvelles, la Clef du cabinet des princes de l'Europe, l'Esprit des cours de l'Europe. Je ne parle que des feuilles de nouvelles; les petits journaux, les pamphlets périodiques, se donnèrent de tout temps libre carrière pour le choix de leur titre; ainsi on rencontre au dix-huitième siècle des Glaneurs, des Moissonneurs, des Espions, des Argus; une Calypso, ou les Babillards; un Cyclope errant, ou Lettres allégoriques sur les affaires du temps; une Bigarrure, un Petit Réservoir des Sottises du temps, une Feuille sans titre, ainsi baptisée parce que, « d'après la foule innombrable de journaux et d'ouvrages périodiques qui couvraient la surface de l'Europe — en 1777! — on n'était pas peu embarrassé de trouver, pour une feuille à naître, un titre dont la différence avec les autres fût marquée. »

Lors de l'explosion de 1789, quand le torrent longtemps contenu eut rompu ses digues, le titre qui domine dans cette mêlée effrénée est encore celui de Journal; les Courriers continuent à être nombreux, ainsi que les Gazettes; mais bientôt à ces titres primitifs s'en ajoutent d'autres en grand nombre, ayant le même caractère de banalité : on voit surgir des Feuilles, des Bulletins des Chroniques, — des Postillons, des Messagers, des Correspondants et des Correspondances, — des Points du jour et des Aurores, des Spectateurs et des Observateurs, des Miroirs et des Tableaux, — des Fanaux et des Lanternes, — des Avant-Gardes et des Avant-Coureurs, des Sentinelles et des Vedettes, etc., etc. Mentionnons encore des Tachygraphes, des Logotachygraphes, auxquels s'ajoutèrent plus tard des Sténographes, tous titres qui portent avec eux leur signification.

A ces dénominations incolores d'autres préfèrent un titre qui exprime mieux leurs sentiments ou leurs sympathies; les titres de certains journaux annoncent la formation des partis; ils sont déjà des signes de la lutte. Voici d'abord les Patriotes, mais il y en a de toutes les nuances, des Patriotes royalistes, des Patriotes républicains, des Patriotes révolutionnaires; puis ce sont les Amis, les Amis du roi et surtout les Amis du peuple, la puissance qui se lève, qui a aussi ses Défenseurs, ses Orateurs, ses Avocats, ses Tribuns, etc.; les Amis des jacobins et les Amis des aristocrates. Plus accentués encore, les Espions, les Écouteurs aux portes, le Procureur général du peuple, le Dénonciateur national, le Fouet national. Encore plus, le Bonnet rouge, le Sans-Culotte, le Sans-Quartier.

D'autres cherchent le succès dans la bizarrerie d'un titre ou dans l'excentricité, voire dans le cynisme de l'expression. Qui ne connaît le père Duchesne, et ses Lettres bougrement patriotiques, et ses Grandes colères et ses Grandes joies? Et les feuilles de son compère Jean Bart : Je m'en fouts, journal bougrement patriotique? Et le Journal des halles et le Journal de la Rapée? L'un donne pour titre à un pamphlet périodique Ça fait toujours plaisir; l'autre : Finissez donc, chère père. On trouve des titres comme ceux-ci : C'est incroyable, Il n'est pas possible d'en rire; Pendez-moi, mais écoutez-moi; le Hoquet aristocrate; la Savonnette républicaine; le Ventriloque. Ou encore : les Actes des apôtres, la Bible du jour, les Évangélistes du jour, l'Apocalypse; le Martyrologe national, les Prônes civiques, *Deo gratias* ou les Petits mots, etc.

Au milieu de cette mêlée apparaissent des

Impartiaux, des Modérateurs, des Conciliateurs, des Boussoles, des Balances, et même des Alambics. Il va sans dire que plus d'un se présente comme seul Véridique, seul Indépendant, seul Invariable.

L'orage passé, surgissent une foule de Réparateurs, de Rénovateurs, de Régénérateurs, de Réformateurs.

Les circonstances politiques amènent nécessairement de nouveaux titres. Avec les Bourbons réviennent les Royalistes, et en face d'eux les Constitutionnels et les Libéraux; aux Ultra sont opposés les Conservateurs, au Drapeau blanc le Ruban tricolore. D'autres prennent simplement pour bannière la France, la Patrie, le Pays, la Nation, l'État. Enfin pour baptiser les feuilles qui naissent tous les jours, pour les distinguer l'une de l'autre ou piquer la curiosité, il n'est pas de titre qu'on n'ait inventé, comme on s'én convaincra en jetant un coup d'œil sur l'Index alphabétique qui termine ma Bibliographie. Le ciel, les enfers, tous les éléments et tous les règnes de la nature, le système cosmographique et le système chronologique, ont été mis à contribution, toutes les circonstances ont été exploitées. On verra des Soleils et des Lunes, des Étoiles et des Comètes, des Éclairs et des Foudres; — des Globes, des Mondes, des Univers; — des Temps, des Siècles, des Époques; — des Papillons littéraires et des Guêpes politiques; — des Ours et des Anes savants; — des Diligences, des Vapeurs, des Wagons, des Omnibus; — et des Minerves, et des Pandores, et des Proserpines, et des Lucifers, et des Diables, ainsi que des Nains, de toutes es couleurs. — Enfin un Tam-Tam, un Charivari, un Tintamarre d'enfer.

La presse de 1848 se montra plus excentrique encore dans le choix des titres que celle de 1789; nous nous bornerons à dire qu'aux gentillesses de son aînée elle en ajouta dans le genre de celles-ci : les Aimables Faubouriens et la Sainte Racaille; l'Impitoyable, le Sanguinaire, le Tribunal révolutionnaire, le Pilori, le Carcan, et... la Guillotine!

Après cela je ne crois pas que nulle autre nation puisse nous le disputer pour l'invention des titres. Je suis porté à croire cependant que la presse de tous les pays doit offrir une variété de noms plus ou moins grande, et que dans le nombre il doit s'en trouver de plus ou moins étranges. Je sais, par exemple, que les journalistes allemands ont toujours eu du penchant pour les titres singuliers : ainsi je vois à Nuremberg, en 1819, une feuille intitulée le *Genie des défauts de la Confédération germanique.*

A la même époque, le célèbre poëte russe Zukowsky, précepteur de la grande duchesse Alexandra Fedorowna, publiait sous le titre de : *Pour un petit nombre*, un recueil littéraire, composé en grande partie de traductions en vers des meilleurs recueils étrangers, et principalement destiné à son auguste élève. — En 1789 il avait paru à Saint-Pétersbourg un journal hebdomadaire russe intitulé : *Et ceci et cela*, et un plaisant avait riposté par une autre feuille, qu'il appela : *Ni ceci ni cela.* En France dans la foule de petits tomes périodiques suscités par le succès des *Guêpes*, il y a une trentaine d'années, il y en eut un qui prit une enseigne du même genre : *Hic, hæc, hoc.* — A Amsterdam, en 1819 : *Quelqu'un et aucun.*

Format. Composition. Disposition. Tirage. — Dans l'origine, le format des journaux était, nous le savons déjà, des plus exigus. Les journaux littéraires sont en général in-12, quelques-uns seulement in-8°, bien que leur pototype, le *Journal des savants*, ait toujours été in-4°. Il en est de même des mercures, et aussi de quelques petites feuilles de nouvelles.

Les gazettes sont généralement de format in-4°. Quelques-unes ne se composent d'abord que d'un simple feuillet, et encore imprimé assez souvent d'un seul côté, tantôt en longues lignes, tantôt sur deux colonnes. Mais elles ne tardent pas à avoir toutes quatre pages, et de bonne heure même un certain nombre, les gazettes de Hollande, par exemple, publient un supplément quotidien.

Notre première gazette n'eut d'abord que quatre pages; mais le nombre en fut dès la deuxième année porté à huit — quelquefois, mais très-rarement à douze, — qui étaient divisées en deux cahiers, intitulés, l'un, *Gazette;* l'autre, *Nouvelles ordinaires de divers endroits* : « cela pour la commodité de la lecture, qui est plus facile à diverses personnes étant en deux cahiers, et aussi à cause de la diversité des matières et des lieux d'où viennent les lettres y contenues, les *Nouvelles* comprenant ordinairement les pays qui nous sont septentrionaux et occidentaux, et la *Gazette* ceux de l'Orient et du Midi. » Elle commençait par les nouvelles étrangères, qui en occupaient la plus grande partie, et finissait par celles de la cour de France. Renaudot avait adopté cette marche, presque constamment suivie depuis, pour se conformer, dit-il, à l'ordre des temps et à la suite des dates, sauf à ceux qui voudraient suivre la dignité à commencer leur lecture par la fin, à la mode des Hébreux.

Nos gazettes conservèrent le même format jusqu'à la fin du dix-huitième siècle, pendant tout le cours de la république, à deux ou trois exceptions près, au nombre desquelles est notre *Moniteur universel*, dont l'éditeur « crut faire une chose agréable au public en lui proposant et en publiant le premier une gazette ou *papier-nouvelles* à la *manière anglaise*, qui paraîtrait tous les jours ». Et ce format inusité valut à ce « papier gigantesque », à ce « journal patagon », dont « on pouvait » avec trois numéros faire un paravent », les quolibets de tous les petits.

Au commencement de ce siècle, les frères Bertin ayant acheté la propriété d'un *Journal des débats et décrets*, in-8°, qui existait depuis une dizaine d'années, sans qu'on pût soupçonner les destinées brillantes qui l'attendaient, commencèrent par lui donner le format in-4°, puis, après quelques jours, ils l'augmentèrent d'un appendice, ils l'allongèrent, si je puis ainsi dire, d'une partie nouvelle, qui prit le titre, qu'elle a toujours porté depuis, de *Feuilleton du Journal des débats*, et il en fut fait d'abord deux tirages, le tirage ordinaire, in-4°, sans le feuilleton, et un tirage in-folio, avec le feuilleton. Peu de temps après l'in-folio devint le format unique et définitif.

Les autres journaux furent obligés, sous peine de mort, de suivre l'exemple, d'adopter cette innovation, et les ambitieux durent même tenter de la perfectionner. Ainsi quelques années après le *Publiciste* disposait son feuilleton tantôt longitudinalement, tantôt transversalement en tête du numéro, et toujours de façon à ce qu'il pût en être détaché. Depuis lors de nombreuses tentatives ont été faites pour séparer la partie littéraire des journaux de leur partie politique et permettre de la collectionner; mais aucune de ces tentatives, plus ou moins ingénieuses, n'a complétement réussi.

Le format de nos journaux politiques est resté à peu près le même jusqu'en 1844, époque où M. de Girardin augmenta de quelques centimètres le cadre de la *Presse*, pour faire une plus grande place aux annonces. Le journalisme commençait alors à être en proie à la spéculation. L'année suivante, un journal soi-disant encyclopédique, qui prétendait faire entrer dans un seul et même journal toutes les matières spéciales qui avaient leurs organes particuliers, l'*Époque*, adopta un format plus grand encore, voisin de celui des journaux anglais. Le journal encyclopédique n'était qu'une utopie, un leurre. Cependant l'*Époque*, habilement présentée, annoncée avec le bruit qu'on sait, devait séduire la gent abonnable et trouver des chalands, ne fût-ce qu'à raison de son format. Aussi vit-on les autres journaux s'ingénier à qui mieux pour résister à cette bruyante concurrence. La plupart avaient déjà agrandi leur format, afin de donner un plus vaste champ aux annonces; ils l'agrandirent encore pour se rapprocher de celui de l'*Époque* et faire place aux améliorations qu'ils s'empressèrent de promettre. L'*Époque* morte, et les annonces n'ayant pas produit ce qu'on en attendait, ils relevèrent leur prix, et rognèrent leur format, lequel demeura depuis lors dans la mesure que nous lui voyons aujourd'hui, et qui paraît largement suffisant pour l'appétit des lecteurs français, beaucoup moindre sous ce rapport que celui de nos voisins d'Outre-Manche.

Les journaux anglais, en effet, ont bien autrement grandi, contraints qu'ils ont été d'élargir incessamment leur cadre pour faire place aux annonces, entrées, comme nous l'avons vu, si profondément dans les habitudes anglaises. Un Parisien reculerait effrayé devant un journal comme le *Times*. Cependant que de puissance à la fois et que de patience révèlent ces gigantesques engins de publicité! J'avoue que, pour ma part, je ne puis me défendre, devant un des grands journaux anglais, d'une sorte d'admiration; c'est pour moi un des signes les plus frappants du génie de la nation. L'agrandissement continuel des journaux, mieux encore que leur multiplication, montre quel a été d'année en année le développement de la curiosité publique, toujours plus exigeante et étendue à plus de sujets. Il marque aussi, d'une façon indirecte, les progrès de la puissance de la presse, dont cette curiosité générale est à la fois l'origine et le point d'appui. Ce n'est pas d'eux-mêmes en effet que les journaux aujourd'hui tirent leur force, mais de ce besoin universel d'informations que seuls ils peuvent satisfaire.

Un journal anglais du matin se compose de huit pages grand in-folio, divisées chacune en six colonnes, soit en tout quarante-huit colonnes, le double de nos grands journaux, sans compter que le caractère est beaucoup plus serré et plus fin. On estime qu'un numéro du *Times*, par exemple, contient la matière d'un volume in-8° de 300 pages; ajoutez à cela que ce léviathan de la presse anglaise donne tous les jours des suppléments de 8 et de 12 pages C'est alors quelque chose de vertigineux que cet entassement de petits articles se succédant pendant 90 à 120 colonnes; telle en est cependant la disposition, que le lecteur anglais se guide aisément dans ce labyrinthe qui nous semblerait, à nous, inextricable.

La première et la huitième page, c'est-à-dire la surface extérieure du journal, sont consacrées aux annonces. La deuxième et la troisième contiennent les débats des deux chambres, ou, à leur défaut, les extraits des enquêtes parlementaires, les assemblées générales des compagnies de chemin de fer, ou bien encore les prix courants des marchés, les documents commerciaux et industriels, qui pendant la session passent à la sixième page. Les matières importantes sont réservées pour la quatrième et la cinquième pages, qui forment la surface intérieure du journal : la quatrième est occupée par les annonces des théâtres, le sommaire des séances des chambres et les articles politiques, au nombre de quatre au plus, de la longueur d'une colonne en moyenne; la cinquième, par les nouvelles du jour, le bulletin de la cour, les audiences ou les réceptions ministérielles, la malle des Indes, celle des Antilles ou celle des États-Unis, selon la date du mois, et la correspondance de France ou celle d'Irlande, suivant leur importance. La sixième page est consacrée aux correspondances étrangères et à l'analyse raisonnée de la bourse, « aux nouvelles du marché à l'argent », et, quand la place est libre, à l'analyse des pièces de théâtre et des livres nouveaux. La septième est remplie par les comptes-rendus des tribunaux.

Telle est invariablement la composition d'un journal du matin. Une autre chose qui frappe encore dans ces immenses carrés de papier, c'est le grand rôle qu'y jouent les lettres capitales : ce sont elles qui indiquent les divisions principales du journal et qui guident le lecteur exercé droit à ce qui l'intéresse. En ouvrant un journal, et du premier coup d'œil, on voit, à la disposition des titres et à la grosseur des caractères, quelle est la nouvelle importante du jour. Disons cependant que dans cet emploi des lettres capitales les feuilles américaines, qui sont loin, du reste, de briller par leur bonne disposition, ont distancé de beaucoup les feuilles anglaises, dont elles ont également dépassé le format : il n'est pas rare de voir dans un journal de New-Yorck ou de Boston quinze titres consécutifs en tête d'un article un peu long.

On comprend quels moyens puissants exige la préparation matérielle de pareils journaux. Un journal anglais du matin emploie un premier et un second prote, un metteur en pages spécial pour les annonces, trois premiers et trois seconds correcteurs, de quarante-cinq à cinquante compositeurs en titre et huit ou dix suppléants, un mécanicien en chef, un aide mécanicien, quinze à dix-huit personnes pour le service de la machine à vapeur et des presses. Le personnel de l'imprimerie du *Times* est bien autrement considérable encore. Il occupe dit-on, 125 à 150 compositeurs, qui, pour être admis, doivent passer un examen et prouver qu'ils sont capables de composer par heure au moins 40 lignes de 56 lettres, soit de lever 2,240 lettres. Les correcteurs sont au nombre de vingt-quatre, douze de jour et douze de nuit, et toujours occupés.

Si la composition d'un journal est une merveille, son tirage en est une bien plus grande encore. Il y a cinquante ans à peine le tirage des journaux se faisait au moyen de presses à bras, qui donnaient à l'heure deux ou trois cents feuilles imprimées d'un seul côté; avec beaucoup d'effort et d'habileté, et en relevant plusieurs fois les pressiers, on arrivait à doubler ce tirage. On se voyait quelquefois obligé de faire deux, trois et jusqu'à quatre compositions, pour paraître en temps utile. C'est à un directeur du *Times*, M. Walter, qu'appartient l'honneur d'avoir mis la vapeur au service de l'imprimerie. Dès 1804 cet homme remarquable à plus d'un titre, et auquel le *Times* doit sa prodigieuse fortune, s'était convaincu de la possibilité de substituer cet agent infatigable aux bras des pressiers, et de donner au tirage de son journal une régularité et surtout une rapidité que sa prospérité croissante rendait nécessaires. Il se livra, dans cette pensée, à de nombreux et dispendieux essais, qu'il était obligé de faire dans le plus grand mystère, à cause de l'opposition déclarée des pressiers, et c'est seulement après dix ans d'efforts et de sacrifices qu'il arriva à la solution du problème qu'il s'était imposé. Enfin le 29 novembre 1814, à six heures du matin, Walter put montrer à ses ouvriers et à Londres étonnés le premier exemplaire d'un journal imprimé à la vapeur.

Les premières presses mécaniques du *Times*, dues à deux Allemands, Kœnig et Bauer, et qui devinrent aussitôt une des curiosités de Londres, tiraient seulement de 12 à 1300 feuilles à l'heure. Des perfectionnements ne tardèrent pas à porter leur tirage à 2,000, et même à 2,500 en fatiguant un peu la machine. En 1827 Applegath en établit une nouvelle qui tirait 4 à 5,000. En 1828, le même mécanicien construisit sa fameuse machine verticale, un véritable chef-d'œuvre, tirant 10,000 exemplaires à l'heure. Depuis, l'administration du *Times* a fait monter une autre machine à cylindres horizontaux, qui tire huit exemplaires à la fois et en débite 12,500 par heure. Ces deux machines, qui font en roulant un vacarme étourdissant, et que l'on peut arrêter instantanément, sont mues par une force de 45 chevaux. Elles ont été longtemps les plus grandes et les plus actives que l'on connût en Angleterre; je ne saurais dire si elles ont été le dernier effort du *Times*. Le *Daily Telegraph*, qui, établi lors de l'abolition du timbre, a opéré dans la presse anglaise une révolution analogue à celle que la *Presse* et le *Siècle* ont faite en France en 1836, et dont il se vend journellement, dit-on, de 100 à 140,000 exemplaires, est tiré au moyen de deux machines qui impriment chacune 10 exemplaires à la fois, et en donnent ensemble 25,000 à l'heure.

Cependant les journaux des États-Unis, auxquels une concurrence beaucoup plus vive imposait l'obligation d'un tirage extrêmement rapide, avaient depuis longtemps laissé loin derrière eux leurs confrères européens. La *Tribune* et le *Herald* se servent de presses qui impriment régulièrement 10,000 exemplaires à l'heure; mais les presses du *Sun*, qui paraissent jusqu'ici le dernier mot de la mécanique, peuvent tirer jusqu'à 20,000 feuilles à l'heure, et le tirage moyen de ces presses n'est jamais au-dessous de 18,000 feuilles.

La prodigieuse multiplication des journaux a été facilitée, rendue possible, par une autre invention moderne, le clichage, qui est venu dispenser de multiplier les compositions, procédé coûteux et toujours assez long, quoi qu'on pût faire.

Pour donner à ceux de nos lecteurs qui seraient étrangers à l'art d'imprimer une idée de la série d'opérations par lesquelles passe un journal avant d'arriver dans leurs mains, je reproduirai, en l'abrégeant, un article publié par M. Nadié dans le *Moniteur universel du soir* en septembre 1865. Préalablement je ferai remarquer que l'auteur de cet article, en l'écrivant, avait en vue le journal dans lequel il a été inséré, un nain auprès des géants de la presse anglaise ou américaine; on devra se rappeler que le petit *Moniteur* ne représente que la moitié d'un de nos grands journaux, qui eux-mêmes ne représentent comme format que la moitié à peine des journaux anglais, et beaucoup moins encore comme contenu.

« L'imprimerie d'un journal, dit M. Nadié, est une véritable usine. Les matières premières sont le papier, l'encre et les manuscrits des auteurs. Le matériel, ce sont les caractères d'imprimerie, les machines à vapeur, les presses. Un personnel nombreux met en œuvre tous ces éléments, pour arriver au *produit* final, le journal.

« Les nouvelles politiques, les dépêches télégraphiques et les cotes de la bourse sont les parties du journal qui se font à la dernière heure; le reste de la feuille, comprenant les faits divers, les tribunaux, les théâtres, les variétés, les feuilletons, les annonces, est préparé dès le matin et tout le jour durant.

« Lorsqu'un manuscrit — la copie — c'est le mot consacré — a été désigné pour être inséré, distribution en est faite à cette peuplade d'hommes intelligents et actifs qu'on appelle les compositeurs typographes. La dextérité avec laquelle les phrases de l'auteur, souvent illisibles et hiéroglyphiques, sont alignées à la dimension de la colonne du journal, en beaux caractères métalliques, égaux et corrects, n'est égalée que par celle que ces mêmes hommes déploient lorsqu'ils défont la composition mot à mot, lettre à lettre. Ils se tiennent debout, placés devant une casse, qui contient, comme un damier, des petits carrés remplis de toutes sortes de lettres, minuscules, majuscules, signes, chiffres, etc., fondues en plomb mêlé d'antimoine. Leurs mains droites se promènent avec une rapidité prodigieuse des différents compartiments de la casse au petit plan de fer, appelé composteur, sur lequel les lettres déliées, fines, prismatiques, viennent se recueillir, se ranger et se presser en enfilades, comme des soldats disciplinés.

« Un article est quelquefois composé par quinze ou vingt personnes distinctes, et, entre les mains du metteur en page, il vient se compléter, se parfaire par morceaux successifs. Le voilà terminé, ficelé, prêt. Aussitôt une couche d'encre le couvre, une feuille est étendue à la surface et frappée avec une brosse dure. L'épreuve qu'on obtient de cette manière est celle qu'on nomme « première », et est livrée au correcteur et à l'auteur.

« Plus de 170,000 caractères et pièces de remplissage sont ainsi maniés journellement pour arriver à noircir la feuille que vous tenez, et journellement le même nombre de caractères et de pièces se reclasse dans la casse après chaque tirage.

« La partie du journal ainsi préparée est soumise alors à l'encadrement. Il faut que tout soit à sa place, en ordre, et classé dans un châssis en fer de dimension fixe et invariable. Une épreuve générale est soumise au directeur, qui bien souvent, plus sévère que le public, biffe de çà et de là avec son crayon bleu les passages qui ne sont pas de son goût. Après cette inspection scrupuleuse, qui amène quelquefois des remaniements nouveaux, voilà la première partie du journal faite. Reste la seconde.

« A mesure que les dépêches, les bulletins, les nouvelles arrivent, vite on les métallise, — passez-moi l'expression, — en caractères mobiles. Il est trois heures et demie. A peine la bourse est-elle parvenue, qu'elle est coupée en divers morceaux, que chaque compositeur désigné d'avance traduit en caractères mobiles. En un clin d'œil, ces morceaux sont ajoutés bout à bout, et le tableau de la bourse est fait, comme par enchantement, en quelques minutes et à huit exemplaires.

« Voilà donc toute l'épreuve type du journal renfermée dans quatre châssis en fer, où tous les caractères sont coincés et serrés de façon à ne faire qu'un seul corps compact et résistant.

« Mais il est déjà quatre heures moins un quart, et comment avoir tiré à cinq heures le nombre d'exemplaires que réclame la capitale, et à sept heures ceux que demande la province, alors qu'il s'agit de centaines de mille? Voilà le problème à résoudre, sous peine de manquer une partie de la vente ou de ne pas arriver au départ du chemin de fer pour les départements.

« Rien de plus simple; il suffit de multiplier les presses et les clichés. Quatre presses, à double épreuve, vomissant des milliers de feuilles par heure, voilà la solution. Mais il faut d'abord huit clichés.

« Le clichage, procédé aussi simple que merveilleux, va les donner dans quelques minutes. Les quatre châssis de l'épreuve à caractères mobiles ont été placés sur une table en fonte, recouverts successivement de feuilles de papier séparées entre elles par une couche de colle et de blanc de céruse, et frappées à la brosse. Les parties saillantes des lettres ont formé ainsi des creux, qui reproduisent exactement un moule du cadre sur ce carton plastique formé de quatre à cinq feuilles. Aussitôt séché à un feu doux, le voilà placé dans une lingotière à bascule. Le plomb antimonié fondu d'avance est là, prêt dans une chaudière à la température voulue; il est précipité dans la lingotière, où il prend l'empreinte des lettres, et forme, en se refroidissant, un cliché entièrement égal à celui d'origine. Répétée plusieurs fois, cette opération fournit autant de reproductions de l'épreuve première qu'on en peut désirer.

« Retouchée, rabotée, planée, l'épreuve finale, chaude encore, est transportée sur le chariot des presses; la seconde y est installée à son tour.

« Déjà les chaudières hennissent et soufflent, sous la pression de la vapeur impatiente de s'échapper au plus tôt dans les nuages; les machines sont graissées, les courroies et les poulies sont prêtes, les hommes sont tous à leur poste; le papier blanc est disposé, compté d'avance, sur les planches de distribution : aussitôt que les presses ont reçu les deux épreuves clichées, elles vont jeter indéfiniment au dehors, en haut, en bas, à droite, à gauche, de quadruples exemplaires du journal.

« La machine à vapeur s'ébranle, les presses sont embrayées... elles roulent.

« Le papier, entrant par quatre points à la fois, est pincé par les cylindres, entraîné par eux sur les clichés que la machine elle-même charge d'encre, et ressort avec quatre journaux par quatre orifices à la fois.

« Cette reproduction à milliers d'exemplaires est obtenue à l'aide des presses rotatives mécaniques, une des merveilleuses inventions de l'industrie moderne.

« Ces presses, vrais chefs-d'œuvre de mécanique, dont l'invention date à peine d'hier, et qui permettent de livrer au public 3 à 4,000 exemplaires d'un même journal dans quinze minutes, peuvent, sans exagération, se comparer aux belles horloges de Bréguet, tellement elles sont précises dans leur travail. Je vais essayer de vous faire comprendre les deux agencements principaux qui sont comme la cheville ouvrière de tout le mécanisme, et qui, après des milliers de tâtonnements, ont été la grande difficulté vaincue.

« Je vais donc vous dire d'abord comment la feuille de papier reçoit une impression simple sur l'une de ses faces; puis comment, à l'aide d'une légère modification des organes, elle peut recevoir une impression double, c'est-à-dire au *recto* et au *verso*.

« La forme en lettres mobiles ou en cliché est installée sur un chariot, plaque horizontale en fonte qui reçoit de la machine à vapeur motrice un mouvement alternatif de va-et-vient, au moyen d'une communication de mouvement.

« A droite et à gauche sont une série de rouleaux ou cylindres en gélatine. Ces rouleaux, placés en travers du chariot dans des positions diverses, droits et obliques, sont chargés d'une encre spéciale d'imprimerie, qui provient de boîtes-réservoirs placées aux deux extrémités et leur est transmise de proche en proche. A leur tour, les rouleaux de gélatine la distribuent à la forme, alors que dans la course du chariot elle est amenée à leur contact.

« Voilà la planche encrée et qui se promène alternativement d'un bout à l'autre de la presse sur son chariot. Maintenant il s'agit de lui présenter convenablement la feuille de papier pour que celle-ci en reçoive l'impression d'équerre. A cet effet, la machine à vapeur motrice communique un mouvement de rotation à un ingénieux système de cylindres. Sur ces tambours sont tendus des rubans sans fin qui les enveloppent; ces rubans doivent guider dans sa course la feuille de papier qui leur est confiée, et en effet ils lui font opérer docilement toutes les évolutions et manœuvres nécessaires.

« Une feuille que l'ouvrier introduit, par exemple, par le plancher supérieur est saisie au moment précis par une tringle transversale que meut la machine. La feuille s'engage alors dans les rubans, descend de haut en bas comme un serpent, se présente, sous la forme d'un U, à la forme, dont la position est mathématiquement calculée de manière à ce qu'en glissant et s'appliquant sur elle, la feuille prenne l'empreinte successive de toutes les lettres ; puis, toujours en roulant, cette même feuille s'élève à travers les rubans, de bas en haut, pour venir s'échapper au dehors sur le plancher de sortie, dans une direction inverse de la précédente.

« L'introduction des feuilles se fait de la même manière par trois autres plans : à l'instant voulu elles sont pincées, et chacune d'elles, suivant un chemin spécial, circule en traçant des courbes élégantes et sinueuses, et vient se présenter à son tour sur la forme. Dans cette évolution, pas la moindre perte de temps.

« C'est chose à la fois gracieuse et saisissante que de voir des feuilles énormes de papier blanc pénétrer de tous les côtés de la machine, circuler avec obéissance dans ce dédale de rubans et de poulies, et venir s'échapper quelques secondes après — noircies et montrant sur leurs flancs les millions de signes du langage humain ! Vous comprenez facilement dès lors qu'en plaçant sur le chariot une seconde forme identique à la précédente, et en prenant du papier à dimensions suffisamment larges, on puisse à chaque course du chariot obtenir deux fois quatre ou huit épreuves d'impression sur une seule face.

« Placez maintenant sur le même chariot les doubles formes qui correspondent à la fois au verso et au recto du journal, et concevez que par un certain agencement de tambours la feuille imprimée sur le recto soit retournée au moment où elle va passer sur le châssis du verso : vous recevrez par les planchers de sortie des feuilles imprimées en même temps sur les deux faces.

« Je n'insiste pas davantage sur ces admirables engins, dont le mode de travail vous est maintenant connu, superficiellement du moins. Vitesse, netteté, bon marché, — tel est le triple problème que la mécanique moderne a dû résoudre pour parvenir à faire produire à la presse de Gutenberg de 8,000 à 15,000 feuilles par heure. »

Dans ce qui précède il n'est question que des journaux quotidiens. L'Angleterre a, en outre, d'assez nombreux journaux politiques hebdomadaires, qui dépassent encore les feuilles quotidiennes en format et en publicité. On en cite plusieurs qui comptent, ou ont compté alors que le timbre existait, jusqu'à 120,000 abonnés; l'*Illustration* anglaise, *Illustrated London News*, en 1856, n'en avait pas moins de 100,000. Ce n'était rien encore auprès des *Penny Magazines*, recueils hebdomadaires non politiques, composés généralement de trois feuilles, et qui tiraient jusqu'à 500,000. Depuis l'abolition du timbre, ces feuilles ont encore pris de plus grandes proportions. J'ai lu dans une publication de 1864 que le *London Journal*, qui donne pour 12 centimes une feuille de 16 pages avec illustrations, se tirait à cette époque à 800,000 exemplaires, et que le tirage s'en faisait en moins de deux jours, au moyen d'une presse à cylindre qui imprimait des deux côtés à raison de 25 à 30,000 exemplaires à l'heure. Mais en général ces recueils ont le temps devant eux, et n'exigent pas des moyens de production aussi rapides que les journaux quotidiens.

Les journaux politiques hebdomadaires se composent, les uns, qui sont des revues au petit pied, de 16 à 24 pages petit in-4° à 3 colonnes ; les autres de 12 pages petit in-folio ; d'autres, enfin, de 8 pages d'un format plus grand que celui du *Times*. Le 29 mars 1829, un *Atlas* qui avait entrepris de se faire une place à part par l'immensité de ses dimensions et par la quantité de matières qu'il donnerait à ses lecteurs, et avait adopté un format double des autres, publia un numéro extraordinaire destiné à reproduire en entier les débats du parlement sur le bill d'émancipation des catholiques. Ce numéro avait cinq pieds de long sur quatre de large ; ses 86 colonnes contenaient la matière de deux forts volumes in-8°, et des curieux s'amusèrent à calculer que les 15,000 exemplaires auxquels il fut tiré, mis au bout les uns des autres, auraient formé une longueur totale de cinq lieues.

Ce tour de force, comme, du reste, presque tous les autres, fut dépassé par les Américains. J'ai vu un numéro de journal de New-York composé de 8 pages mesurant chacune 256 centimètres carrés sur 178, et présentant ainsi, quand il était déployé, une superficie de 455.68 centimètres carrés, c'est-à-dire une surface égale à quatre fois celle du *Times* et à plus de huit fois celle du *Moniteur*. Il était imprimé sur treize colonnes en petit texte, contenant chacune 400 lignes de 13 mots en moyenne ou 40 lettres, ce qui donnait 104 colonnes, 41,600 lignes, 374,400 mots, et 1,674,000 lettres[1], si l'on ne tenait pas compte des illustrations. Ce journal monstre, en effet, était orné de nombreuses et belles vignettes sur bois, représentant des personnages fameux, des paysages, des vues, des monuments, des scènes de genre, des machines, etc. Le papier sur lequel il était tiré était si fort — le numéro ne pesait pas moins de 290 grammes — qu'il pourra résister pendant des siècles, et, dans tous les cas, attendre sans encombre le numéro suivant, annoncé comme devant paraître cent ans après. Nous avons à peine besoin d'ajouter, en effet, que ce numéro était tout exceptionnel. Il avait été publié comme appendice à un journal hebdomadaire, *the Constellation*, à l'occasion de la fête séculaire de l'indépendance américaine, le 4 juillet 1858. Quarante personnes, dit-on, avaient été employées pendant deux mois à sa confection, et il avait été expédié à 28,000 exemplaires, revêtu d'une élégante couverture, dans toutes les parties du monde. Il se vendait un demi-dollar, 2 fr. 60 c. En tête éclatait ce dithyrambe :

« Nous n'essayerons pas de cacher notre « juste fierté en regardant cette magnifique « feuille. Elle est le produit de l'Invention, « du Goût, de l'Entreprise et de l'Industrie « herculéenne; ses dimensions de mam« mouth ne sauraient être surpassées, « parce qu'une feuille plus longue et plus « large serait d'un emploi absolument im« praticable. Un éléphant peut être pris, « mais que voulez-vous en faire? On ne « saurait non plus en surpasser la beauté « typographique, la splendeur artistique, ni « l'impériale grandeur du plan et de l'or« donnance. Ce journal sera l'orgueil de « tout bon Américain; il fera l'étonnement « de l'Europe.

« Vous nous accusez de vanité dans ce « langage. Vous avez raison. Mais ce n'est « pas une vanité vulgaire qui rayonne sur « notre front, c'est l'orgueil légitime, l'or« gueil de Michel-Ange contemplant son « église de Saint-Pierre, l'orgueil qu'éprou« vait Napoléon après avoir dompté le « Simplon et les Alpes terribles. »

Périodicité. — Les premières gazettes ne paraissaient qu'une fois par semaine; mais d'assez bonne heure elles parurent deux fois, quelques-unes même trois fois.

Les mercures, les revues, ne paraissaient généralement qu'une fois par mois, rarement deux.

Il en était de même des journaux littéraires, qui devinrent ensuite presque tous hebdomadaires.

Le *premier journal quotidien* parut à Londres le 11 mars 1702, sous le titre de *Daily Courant*. Ce journal était imprimé d'un seul côté, sur une demi-feuille, et se composait, par conséquent, d'une seule page, divisée en deux colonnes. L'éditeur donne de cette exiguïté une explication assez curieuse. « Le *Courant*, comme son titre l'indique, sera, dit-il, publié tous les jours, parce qu'on se propose de donner les nouvelles aussitôt l'arrivée de chaque courrier, et il est réduit à la moitié du format habituel afin d'épargner au public au moins la moitié des impertinences que contiennent les journaux ordinaires. »

Ce n'est qu'en 1777 que Paris eut un journal quotidien, le *Journal de Paris*, qui commença à paraître le 1er janvier de cette année-là.

C'est encore en Angleterre que sont nés les *premiers journaux du soir*. La poste ne partant de Londres qu'à la fin de la journée, l'idée devait venir facilement à un homme du métier de retarder jusqu'à ce moment la publication d'un journal, afin de pouvoir donner les nouvelles reçues dans la matinée, et d'arriver cependant en province en même temps que les feuilles du matin; et de fait on pouvait ainsi obtenir sur celles-ci une avance d'une demi-journée. Mais il fallait se régler sur les jours de la poste. Le premier journal du soir, qui parut à la fin de 1727, ne se publia donc que trois fois par semaine; et c'est seulement à la fin du dix-huitième siècle, quand la poste partit tous les jours, que fut fondé Le *Star*, le premier journal quotidien du soir. Un second parut en 1791, et le nombre s'en est successivement accru jusqu'à cinq.

Disons que les gazettes françaises publiées en Hollande publièrent dès leurs commencements, dès la fin du dix-septième siècle, des suppléments, qui paraissaient dans la soirée, et qui devinrent réguliers de très-bonne heure.

En Angleterre, les journaux du soir furent tout d'abord recherchés par les hommes d'affaire, et les spéculateurs, parce qu'ils publiaient le cours des fonds publics aussitôt après la clôture de la bourse, parce qu'ils contenaient toutes les nouvelles des feuilles du matin, et en outre les nouvelles, ou tout au moins le sommaire des nouvelles arrivées dans la journée. Pendant la durée des sessions, on y cherche en outre la première partie des séances de la chambre des communes, qui commencent à midi, et il en est un, le *Sun*, qui, grâce à l'habileté de ses sténographes et à la célérité de ses compositeurs, s'est acquis sous ce rapport une incontestable supériorité sur ses rivaux : il parvient à donner les débats parlementaires presque jusqu'à l'heure de la poste; il ne s'écoule pas vingt minutes entre le moment où le dernier sténographe quitte la place et celui où le journal tout imprimé part pour la province. Dans sa troisième édition, qui paraît à dix heures du soir, il donne les débats jusqu'à neuf heures et demie. Les temps de guerre sont les temps les plus prospères pour ces feuilles, ou encore les temps de crise ministérielle : ils font alors des éditions d'heure en heure pour satisfaire la curiosité publique.

L'établissement des chemins de fer a porté un coup funeste aux journaux du soir. Leur grand avantage était de partir le soir par la poste en même temps que les journaux publiés le matin, et d'arriver aussitôt que ceux-ci en province, tout en donnant des nouvelles plus fraîches; mais comme la poste en Angleterre n'a pas le monopole des transports, les journaux du matin renoncèrent au bénéfice du transport gratuit que leur assurait le timbre, alors qu'ils en étaient frappés, et, partant par les premiers trains du matin, ils parvinrent à être distribués dans toutes les grandes villes de province pour l'heure du déjeuner. Ce sont eux, par conséquent, qui ont aujourd'hui l'avance sur les journaux du soir, qu'ils ont à peu près expulsés de la province.

En France, où la poste cependant a le monopole des transports, on a mieux fait encore : les journaux de Paris du matin partent la veille pour la province. Cela pourra, au premier coup d'œil, paraître étrange, et rien pourtant n'est plus vrai. Les journaux du matin, au lieu de se composer la nuit, comme autrefois, se composent dans la journée, et aussitôt après la clôture de la bourse ils mettent sous presse leur édition des départements, qui part dans la soirée même, en même temps que les journaux du soir. La nuit il en est fait un second tirage, pour Paris alors, avec les nouvelles qui ont pu survenir après quatre heures, et pendant les sessions le compte-rendu des chambres, qui leur est livré vers neuf heures du soir.

Par contre quelques journaux du soir font une édition du matin pour Paris; un d'eux, même, la *Patrie*, en publie, ou en publiait une troisième, dans le milieu de la journée.

Rien, du reste, ne distinguant chez nous les journaux du soir des journaux du matin, et la couleur d'un journal, si pâle qu'elle soit, ayant encore quelque influence sur les abonnements, les abonnés de Paris et ceux de la province se répartissent dans des proportions à peu près égales pour les uns et pour les autres. Nous venons de voir qu'il n'en est pas de même en Angleterre, où la clientèle des journaux du soir est presque toute concentrée dans la capitale. Ils se soutiennent néanmoins par les raisons que nous avons dites, et aussi parce qu'ils ont moins de frais que les journaux du matin. Ayant peu d'annonces, ils ne sont composés que de quatre pages au lieu de huit, et leur format, si l'on excepte celui du *Sun*, est un peu inférieur à celui de nos grands journaux. La distribution des matières y est, du reste, à peu près la même que dans les journaux du matin; et comme leur mode de publication nécessite une extrême rapidité dans la mise en page, chaque matière commence en haut d'une colonne, et, quand elle ne suffit pas à la remplir, le vide qui reste est comblée avec des historiettes, des citations de livres, des sentences morales, composées d'avance à cet effet. Les journaux du matin ont également recours à cet expédient lorsque, la séance de la chambre se prolongeant trop avant dans la nuit, ils craignent de manquer le train par lequel ils ont coutume de partir.

Nous avons vu comment les journaux du matin avaient annihilé l'avantage qu'avaient sur eux, pour la province, les journaux du soir. Les emprunts perpétuels que ces derniers étaient dans la nécessité de faire à leurs confrères du matin ne pouvaient manquer non plus d'éveiller des susceptibilités, et, par suite, d'amener quelque combinaison nouvelle, qui, par exemple, rattacherait l'une à l'autre une feuille du matin et une feuille du soir, et ferait ainsi d'un concurrent un auxiliaire. C'est ce qui a eu lieu, en effet, et plusieurs des journaux du soir aujourd'hui appartiennent aux propriétaires de journaux du matin.

Le *Times* a imaginé une autre combinaison, en faveur des petites bourses, qui ne peuvent faire la dépense d'un journal quotidien : il publie tous les deux jours, sous le titre d'*Evening Mail*, un journal du soir qui n'est que la reimpression, moins les annonces, des deux numéros du *Times* auxquels il correspond. Le *Chronicle* a suivi cet exemple, après avoir longtemps publié un journal quotidien du soir qui portait son nom.

Des combinaisons semblables se sont fréquemment produites en France, et nous avons vu des journaux publier des éditions hebdomadaires qui n'étaient qu'un abrégé des numéros de la semaine.

Mode de distribution. Prix. — Je n'ai rien trouvé de précis, de quelque peu satisfaisant, sur le mode de distribution des premiers journaux, non plus que sur leur prix; mais il y a tout lieu de croire qu'ils étaient criés et vendus dans les rues, comme les feuilles volantes dont ils procédaient. Dans une estampe allégorique datant des premières années de notre *Gazette* on voit, entre autres personnages, le *Crieur de la Gazette*, portant suspendu devant lui un panier d'osier rempli de numéros. Et on lit dans nos anciens lexiques qu'elle était « vendue et publiée par la ville de Paris » par des colporteurs qu'on appelait gazetiers, comme les écrivains de la Gazette eux-mêmes; qu'on la lisait dans certaines boutiques, notamment chez Ribou, Loison, et autres regratiers (bouquinistes) du Pont-Neuf; que de pauvres femmes allaient l'acheter au bureau de la grande poste, et la distribuaient par mois, aux personnes qui la voulaient lire, pour 30 sols. Il est supposable que l'administration des postes, que l'on voit ainsi intéressée, à je ne sais quel titre, à la vente dans Paris, était chargée du transport et de la distribution en province.

A quelle époque s'est introduit l'abonnement, c'est ce que je ne saurais préciser; tout ce que je puis dire c'est qu'il existait dans les premières années du dix-huitième siècle; mais l'on peut supposer avec grande apparence de raison qu'on en était venu là bien longtemps auparavant pour la commodité des lecteurs. Quoi qu'il en soit, en France l'abonnement est resté la règle. La vente au numéro n'a existé que par intermittence; ce mode d'écoulement, passé depuis quelques années dans nos habitudes, au grand profit des journaux, n'est qu'une tolérance de l'administration : pour être vendu sur la voie publique, — dans certains endroits déterminés, car les journaux ne peuvent être colportés ni criés dans les rues, — chaque journal doit être muni d'une autorisation qui peut lui être retirée sans autre formalité

Quant au prix, le numéro de la *Gazette*, dans l'origine, se vendait un parisis, sans doute un sou parisis, de quinze deniers, environ six centimes, représentant une valeur actuelle de près du triple. C'est du moins ce que donne à entendre un passage d'un factum de Renaudot que j'aurai occasion de citer. On sait positivement qu'un *Courrier français* fait par les fils de Renaudot durant la Fronde, en 1649, et qui « se clabaudait tous les matins, de fort bonne heure », se vendait un sol.

D'un mémoire d'un des successeurs de Renaudot il résulte qu'en 1750 le prix de l'abonnement à la *Gazette* était de 18 francs par an, et que pour faire participer tous les sujets du roi aux nouvelles qui pouvaient les intéresser on la faisait réimprimer en petits caractères sur une demi-feuille, et on l'envoyait dans toutes les provinces à 7 livres 10 sols par an, franche de port. En 1762, en même temps qu'elle augmentait son format et doublait sa périodicité, elle réduisit son prix d'abonnement de 18 à 12 livres pour tout le royaume. On pouvait se procurer au bureau des numéros détachés au prix de 3 sous, 2 sous six deniers pour les colporteurs. Elle se composait alors de douze pages à deux colonnes; mais, sur la demande de quelques souscripteurs, on continua à en faire pendant plusieurs années une édition à grandes lignes en gros caractères, qui coûtait le double.

J'ai eu sous les yeux une liste des journaux qui circulaient à Paris en 1779, avec leur périodicité et leur prix. La plupart sont hebdomadaires. Quant au prix, il varie, comme de juste, selon l'importance, le volume du journal. Les plus importantes coûtent 18 livres pour Paris, 24 pour la province. L'*Année littéraire*, hebdomadaire, coûte 24 et 32 livres; le *Journal de Paris*, quotidien, 24 et 30 livr. 4 sous; le *Journal des savants*, 14 livraisons par an, 16 liv. 14 s. et 20 liv. 4 s.; le *Journal de Verdun*, 14 numéros, 8 liv. 8 s. et 12 liv. 12 s.; le *Mercure*, 16 vol. par an, 24 et 32 liv.

Dans cette liste figurent neuf gazettes étrangères, les *Gazettes d'Amsterdam*, — *de Clèves*, dite *Courrier du Bas-Rhin*, — *d'Altona*, — *de Bruxelles*, — *de Cologne*, — *des Deux Ponts*, — *De La Haye*, — *de Leyde*, — *d'Utrecht*. Ces gazettes paraissaient deux fois par semaine, excepté celle de La Haye, qui paraissait trois fois. Elles coûtaient : celle d'Amsterdam, 48 livres; celle de Clèves, 42; les autres, 36.

Les gazettes étrangères, en effet, circulaient assez librement en France, et cela, paraît-il, dès l'origine des journaux. C'est du moins ce qui résulte d'un factum lancé en 1648 par Renaudot contre un gazetier de Cologne qui l'avait attaqué. « Si vous voulez, répond-il à son agresseur, persuader à un chacun que le gazetier de Cologne puisse corriger celui qui fait les gazettes à Paris, qu'il commence à en faire de meilleures que lui, et qu'il le fasse croire au peuple, juge qui ne flatte point, et à qui vous vous devez prendre de ce que celles que vous envoyez sont d'un si mauvais débit qu'il y a peu de personnes qui en veuillent pour le port, et moins pour leur prix, quelque petit qu'il soit, et moindre que le parisis des nôtres.., tandis que celles de Paris manquent plutôt que les curieux pour les arracher des mains des colporteurs, encore toutes moites de l'impression. »

Outre le fait de leur circulation en France, il résulte de ce passage que les gazettes étrangères se colportaient dans les rues, comme la gazette de Renaudot, et que le prix en était très-minime. On les lisait dans les cafés, sur le quai des Augustins, dans les Charniers des Innocents; plus tard, dans les cabinets littéraires, qui datent du milieu du dix-huitième siècle, et dans les clubs, importation anglaise que l'on trouve à Paris dès le commencement de ce même siècle.

Cette circulation des journaux étrangers était-elle, dans les commencements, assujettie à quelque condition, c'est ce que je ne saurais dire; mais plus tard les propriétaires de ces feuilles achetèrent le droit de les faire entrer en France par une contribution versée dans la caisse du ministère des affaires étrangères, et dont la quotité variait suivant des considérations de diverse nature.

Ce qui est certain, dans tous les cas, c'est que les journaux étrangers de toute sorte ont toujours abondé à Paris, à la grande satisfaction du public, qui y trouvait un dédommagement de la stérilité de la *Gazette*, et en dépit des propriétaires de la feuille officielle, qui ne cessèrent, depuis Renaudot, de réclamer contre ce qu'ils appelaient la violation de leur privilége. J'ai trouvé sur ce sujet un mémoire de l'un d'eux, le chevalier de Meslé, publié vers le milieu du dix-huitième siècle, et qui m'a paru renfermer des particularités assez curieuses pour que je l'analyse ici.

« La *Gazette de France*, y est-il dit, était autrefois très-intéressante, elle était le précis vrai des gazettes étrangères; mais depuis que les fermiers des postes les introduisent toutes dans le royaume, elle ne peut plus satisfaire la curiosité : toutes les nouvelles sont lues dans les gazettes étrangères avant que celle de France paraisse.

« Les fermiers des postes, en effet, non contents du bénéfice que leur donnait le transport de ces gazettes, avaient d'abord essayé de les débiter à la poste même. Les libraires-imprimeurs s'y étant opposés, ils tournèrent la difficulté en établissant un bureau de débit chez l'un de ces libraires, nommé David. Ils vendaient chaque gazette de Hollande aux sujets du roi 40 écus par an, qui ne leur coûtait qu'environ 24 livres d'achat en Hollande : ils gagnaient donc 96 livres pour le port et le débit, ce qui était exorbitant. Tandis que lui, de Meslé, ne vendait celle de France que 18 francs par an, et que, pour faire participer tous les sujets du roi aux nouvelles qui pouvaient les intéresser, il la faisait réimprimer en petits caractères sur une demi-feuille, et l'envoyait dans toutes les provinces à 7 livres 10 sous par an, franche de port.

« Et les fermiers avaient fait plus : ils avaient établi chez le même David un bureau de correspondance où tout le monde pouvait porter des avis pour les faire insérer dans les gazettes de Hollande, en payant 20 sous par ligne : n'était-ce pas ouvrir une voie à tous les mauvais citoyens qui auraient voulu faire mettre dans ces gazettes des articles contre l'État ou des épigrammes contre les particuliers? »

Les récriminations de la *Gazette* demeurèrent sans effet, et les feuilles étrangères continuèrent à circuler en France. Je n'ai pas besoin de dire que, pour se conserver cette faveur, qui pouvait à chaque instant leur être retirée, elles étaient tenues à une certaine circonspection. Il y avait pour elles, à la poste, un bureau spécial, qu'on trouve assez fréquemment mentionné dans les chroniqueurs, et où très-probablement elles aboutissaient toutes, comme cela se pratique encore aujourd'hui. La distribution et le débit en étaient ensuite opérés par des particuliers. Dix ans après, ce même David dont il est question plus haut obtenait de la compagnie des postes un abonnement qui le mit à même de donner au public les gazettes étrangères au prix de 36 livres, au lieu de 120, qu'elles avaient coûté jusqu'alors. Cette révolution radicale dans le prix des gazettes étrangères mérite d'être remarquée; elle rappelle, quoique d'un peu loin, celle, plus radicale encore, que devait opérer dans la presse française, trois quarts de siècle après, M. Émile de Girardin. Elle laissait encore, paraît-il, un assez beau bénéfice aux commissionnaires. On lit en effet dans le numéro de la *Gazette des Deux-Ponts* du 1er avril 1786 que ce numéro était le dernier que recevraient les souscripteurs de France, parce que le sieur Delorme, qui touchait 36 livres du public, en vertu de son privilége exclusif, ne voulait payer cette gazette que 10 livres 8 sous, au lieu de 19 liv. 13 s. que le propriétaire lui demandait.

Revenons au prix. Je ne parle que de celui des journaux politiques quotidiens; celui des autres publications périodiques de toute nature, et de natures si diverses, ne saurait avoir rien de fixe. Donc le prix d'abonnement des grands journaux, après avoir longtemps oscillé, s'était arrêté au taux à peu près uniforme de 80 francs quand, en 1836, la *Presse* et le *Siècle* s'établirent à 40 fr. Menacés dans leur existence par cette audacieuse innovation, tous les journaux durent baisser leur prix, à l'exception d'un seul, le *Journal des Débats*, qui put rester à 80 francs sans compromettre son influence ni sa prospérité. J'ai dit plus haut comment ils le relevèrent peu à peu. Aujourd'hui ils sont tous à peu près au même prix : 52 fr. pour Paris, 64 fr. pour les départements; les *Débats* seuls coûtent 64 et 80 francs. Au numéro, ils se vendent 15 centimes, sauf le *Constitutionnel* et les *Débats*, qui coûtent 20 et 25 centimes.

En Angleterre la circulation des journaux se fait tout autrement que chez nous. L'abonnement n'a pu entrer dans les habitudes de nos voisins, qui répugnent à l'idée de s'astreindre à recevoir toujours le même journal, et à s'interdire de prendre au jour le jour la feuille qui se trouvera la mieux renseignée ou la plus intéressante. En 1663 une première tentative avait été faite par l'éditeur du *Public Intelligencer* pour substituer le système d'abonnement à la vente dans les rues, mais cela par un motif tout politique. « Quant à la vente des journaux, disait le prospectus de cette feuille, le mode qui s'est trouvé le plus profitable aux propriétaires a été de les mettre en vente et de les faire crier dans les rues par l'entremise d'agents et de crieurs; mais on peut douter que ce mode soit fort avantageux à d'autres points de vue, car c'est grâce aux facilités qu'il offre que se fait le commerce des pamphlets anarchiques et séditieux... Faute de pouvoir trouver des garanties et une protection suffisante contre cet inconvénient, j'entreprendrai d'expérimenter un nouveau système. » C'est précisément cet inconvénient qui a empêché, en France, le colportage et la vente au numéro, des journaux de passer du domaine des faits dans celui du droit. La tentative du *Public Intelligencer* paraît avoir échoué; elle a été depuis renouvelée, sans plus de succès, par le *Daily News*, qui, pour allécher les abonnés, offrait aux personnes qui s'adresseraient directement au journal une légère remise.

En Angleterre, en effet, contrairement à ce qui a lieu en France, où les abonnés sont servis directement par l'administration de chaque journal, le public est obligé de s'adresser à un intermédiaire, le courtier ou vendeur de nouvelles (*News-vendor*). C'étaient autrefois les maîtres de poste qui faisaient l'office de courtiers; mais les chemins de fer ont mis toute cette industrie de la commission entre les mains d'un certain nombre de maisons, dont quelques-unes sont fort considérables, et placent annuellement jusqu'à cent millions de journaux, de revues et de brochures. Ces maisons se chargent de distribuer, ou même, au besoin, de faire vendre les journaux dans Londres, et de les expédier en province et à l'étranger, ce qui leur est rendu facile par les conditions économiques que leur offrent les chemins de fer. Ainsi le chemin de fer transporte de Londres à Manchester pour 2 shillings (2 fr. 50 c.) cent livres pesant, qui représentent dix-sept cents numéros des feuilles hebdomadaires et cinq cents numéros du *Times*. Les courtiers peuvent donc prendre le transport et la distribution à leur charge sans être obligés d'augmenter sensiblement le prix de l'abonnement, si ce n'est dans les petites villes, où le nombre des acheteurs est moins grand, et pour lesquelles le prix est souvent augmenté d'un penny, ou cinq centimes. Du reste, les deux tiers des journaux quotidiens, ou même les trois quarts, se distribuent dans Londres; mais la presque totalité en repart le soir pour la province. Un très-grand nombre de personnes ne reçoivent les journaux de la capitale que de deuxième, de troisième, ou même de quatrième main, et quand ils ont ainsi circulé huit jours de villes en villages, ils vont achever leur destinée dans les colonies. Il en est à peu près de même en France.

Les journaux sont imprimés et publiés sous la responsabilité d'un imprimeur patenté, qui prend le nom de *publisher*, éditeur ou gérant, lequel trouve la rémunération de la location de son brevet et du risque qu'il court dans une retenue sur la remise faite aux courtiers, qui ne traitent qu'avec lui. Le journal lui passe chaque *quire* ou rouleau de vingt-sept exemplaires aux trois quarts du prix fort. Il gagne donc un quart sur chaque numéro vendu isolément dans les bureaux du journal; il gagne un exemplaire par *quire* sur les numéros vendus aux libraires, aux papetiers, aux petits courtiers qui en prennent moins de vingt-sept, et auxquels il ne fait pas la remise entière; enfin il prélève une légère retenue sur les grands courtiers qui prennent plusieurs rouleaux. Ceux-ci lui font, en outre, une remise sur les abonnements dont la demande est adressée à l'administration, et qu'il leur renvoie. En résumé, chaque numéro vendu, par exemple, 4 pence au public, est passé à 2 pence 3/4 au *publisher*, qui le cède aux courtiers à 3 pence. La remise de ces derniers est donc de 20 à 25 pour 100, et elle ne paraîtra pas trop considérable si l'on songe qu'ils doivent prendre à leur charge toutes les non-valeurs, qu'ils font l'avance de toutes les sommes représentées par la vente des numéros, car ils ne rentrent pour la plupart dans leurs fonds qu'à la fin du trimestre; qu'en outre ils sont obligés de faire prendre à leurs frais le journal aux bureaux, de le plier, de le mettre sous bande, d'y apposer les adresses, et de le faire porter ainsi préparé à la poste ou au chemin de fer. Quant à l'administration du journal, on voit de quels frais et de quels embarras ce système la décharge.

Le *Times*, qui a un brevet d'imprimeur, cède directement, ou du moins cédait il y a quelques années ses exemplaires à une maison spéciale, qui en prenait 30,000 par jour, moyennant 4 millions, payés par à-compte de 75,000 fr. et d'avance chaque semaine.

Le prix des journaux anglais a toujours été de beaucoup supérieur à celui des journaux français. Avant 1836 ils se vendaient 70 centimes le numéro; une loi de cette année-là ayant abaissé le timbre de 40 à 10 centimes, il s'établit des journaux à 30 centimes. Enfin le timbre ayant été complétement aboli, en 1855, je crois, on en créa à 10 centimes; mais ils ne se composaient que de quatre pages au lieu de huit, ce qui les plaçait entre deux difficultés : ou bannir les annonces et n'avoir pas des recettes suffisantes, ou restreindre la matière lisible et devenir par trop incomplets pour satisfaire le lecteur anglais, qui n'est point, sur ce chapitre, aussi accommodant que le lecteur français. Ces entreprises ne pouvaient donc réussir; seul, du moins à ma connaissance, le *Daily Telegraph*, parvint à se consolider, et, par un de ces arcanes qui ne sont pas rares dans l'histoire de la presse, il continue à donner pour un penny, non pas quatre, mais huit pages, sans compter les suppléments; aussi est-il arrivé promptement à tirer à 100 et jusqu'à 140,000.

Sans s'émouvoir de ce flot montant, le *Times* baissa son prix seulement du penny, qu'il ne payait plus au timbre, et demeura à 3 pence, sans rien perdre de sa prépondérance. Les autres journaux du matin firent à peu près de même, et les frais qu'ils doivent s'imposer pour conserver la faveur du public sont tels qu'il leur serait impossible de se donner à un prix moindre. Cela m'amène à dire quelques mots du budget des journaux.

Budget d'un journal.

Nous commencerons par celui des journaux anglais, que nous connaissons beaucoup mieux que celui des nôtres, grâce à la vie ouverte de nos voisins, et surtout, pour ma part, grâce à M. Cucheval-Clarigny, qui ici encore va me servir de guide.

On sait ce que coûtait un journal anglais il y a tout à l'heure cent ans. En 1773 la dépense totale du *Public Advertiser* s'élevait à peine à 20,000 fr. par an. Cinquante ans plus tard, les seuls frais d'impression et de tirage du *Chronicle* montaient à 1500 fr. par semaine, c'est-à-dire au quadruple des dépenses de toutes sortes du *Public Advertiser* de 1773; les dépenses annuelles d'une feuille du soir étaient de 150,000, fr.; celles d'une feuille du matin, de 225 à 350,000. Aujourd'hui ces frais sont plus que doublés.

La composition, l'impression, le tirage, en un mot la préparation matérielle du journal, reviennent en moyenne à 5,000 fr. par semaine, c'est-à-dire à plus de 250,000 fr. par an.

Les frais de rédaction sont évalués de 250 à 300,000 fr. Parmi les prenant-part à cette partie du budget d'un journal nous nommerons l'*éditeur* ou rédacteur en chef, dont le traitement varie de 25 à 40,000 fr. selon l'importance et les ressources du journal; le sous-éditeur, qui a de 12 à 15,000 fr.; les rédacteurs politiques, payés à tant par article et connus du seul éditeur, qui émargent pour 40 ou 50,000 fr. par an; un chef de la sténographie pour les comptes rendus des deux chambres, à 12,000 fr.; 15 sténographes, à 8,000 fr.; un rédacteur de la Bourse, à 10,000 fr. au moins. Les comptes rendus des douze ou quinze juridictions de l'Angleterre, confiés d'ordinaire à autant d'avocats, coûtent un millier de francs par semaine. Deux rédacteurs spéciaux sont attachés aux deux grands marchés de Londres; d'autres sont chargés des théâtres, des concerts, des expositions artistiques. Toute une armée enfin est employée jour et nuit à alimenter ces gargantuas. De nombreux émissaires courent sans cesse les rues, en quête des événements. Ce sont les *racoleurs de nouvelles*, les *reporters*, ou, pour leur donner le nom sous lequel ils sont populaires, les *penny-a-liners*, écrivains à deux sous la ligne, qu'on rencontre partout et à toute heure : au bureau des hôtels, à la porte des grands personnages malades, aux courses, aux combats de coqs, au pied de l'échafaud, dans tous les rassemblements, dans toutes les foules, allant d'une personne à l'autre, multipliant les questions, prenant des notes sur un carnet, et, si la presse est trop grande ou qu'on repousse les importuns, tenant bon et se faisant faire place en se réclamant de leur titre, en répétant qu'ils sont des « *gentlemen* de la presse ».

Un dernier fait montrera jusqu'où la direction des journaux pousse le zèle, et aussi l'esprit d'ordre et de prévoyance. A chacun d'eux est attaché un homme de lettres appelé « le biographe », dont l'occupation consiste à rédiger et tenir au courant le mémorial des faits et gestes des grands personnages et hommes politiques du royaume, de telle sorte que le public puisse être initié aux principaux incidents de leur carrière le lendemain même du jour où ils ont quitté la scène du monde. Le « biographe » enregistre journellement, avec une ponctualité méthodique, toutes les circonstances de quelque intérêt relatives aux hommes politiques dont l'âge avancé ou les infirmités peuvent faire supposer la mort prochaine. Ces renseignements, classés par séries dans de petites cases aux initiales des individus qu'ils concernent, deviennent, grâce à cet ingénieux arrangement, d'un emploi facile et immédiat, quand la nécessité exige qu'on y ait recours.

Ajoutons encore, comme petits faits ayant leur signification, que chacun des rédacteurs du *Times* qui habitent Londres a sur lui un certain nombre d'enveloppes à l'adresse du journal, de sorte que, dans quelque lieu qu'il se trouve, il peut envoyer par un exprès ses notes, son compte rendu même, qui arrive ainsi très-rapidement et à travers tous les obstacles à la direction. Les correspondants étrangers ont des enveloppes en papier rouge, qui sont remises en franchise à l'imprimerie, à quelque heure qu'elles arrivent.

La dépense des correspondances ne s'élève pas à moins de 150,000 fr. par an. La malle de l'Inde a été longtemps une des plus lourdes charges des journaux anglais, auxquels elle a coûté jusqu'à 250,000 fr. par an. Il y a quelques années encore le *Times*, outre un traitement annuel de 2,500 fr., donnait 2,000 fr. par voyage à un courrier, à la condition de faire en soixante-seize heures et demie le trajet de Marseille à Calais, et encore avec prime de 50 fr. par chaque heure qu'il gagnerait sur ce temps : tout cela pour avoir un sommaire en dix lignes de la malle de l'Inde quelques heures avant l'arrivée de la poste. Mais l'achèvement des chemins de fer français et l'établissement du télégraphe électrique ont eu pour effet de diminuer beaucoup ces frais. Au premier rang par l'importance, après la malle de l'Inde, est la correspondance de Paris, qui, avec toutes les dépenses accessoires, coûte de 25 à 30,000 fr. par an. Des correspondants spéciaux sont également entretenus à Berlin, à Vienne, à Naples, à Rome, à Madrid et à Lisbonne, avec un traitement de 4 à 6,000 fr., sans compter une foule de correspondants secondaires que chaque journal doit se procurer dans certains ports et dans les principaux centres de commerce du monde, sans compter les correspondants spéciaux que les principaux journaux se hâtent de mettre en route dès qu'il se produit un événement sur lequel va se tourner l'attention publique, une révolution, une guerre, des fêtes extraordinaires, etc.

Ajoutez à tout cela certaines dépenses éventuelles, telles que l'acquisition des publications officielles et les abonnements aux feuilles de l'étranger, des colonies et de la province, dont il n'est pas possible d'indiquer le chiffre approximatif, et vous arriverez, pour les dépenses annuelles d'un grand journal quotidien de Londres, au chiffre énorme de 700,000 fr., auxquels il fallait ajouter naguère encore le timbre et le droit sur le papier.

Eh bien, ces frais énormes ne sont guère que la moitié de ceux du *Times*, dont les dépenses annuelles sont évaluées à 1,300,000 fr. Arrêtons-nous un instant sur ce colosse de la presse.

Le *Times* est né en 1785, sous le nom de *Daily universal Register*, qu'il quitta trois ans après pour celui qu'il porte aujourd'hui.

Il fut fondé par un imprimeur du nom de John Walter, qui appliqua à sa composition un système de son invention, qu'il appelait *logographique*, et qui consistait à assembler des syllabes et des mots entiers, au lieu d'assembler des lettres isolées. Cette innovation contribua à attirer dès l'origine sur la nouvelle feuille l'attention publique. Mais l'auteur de la prodigieuse fortune du *Times* fut le fils de John, qui en prit la direction en 1803, et la conserva jusqu'à sa mort, en 1847.

L'idée fixe du nouveau propriétaire fut de bien établir aux yeux de tous la complète indépendance de son journal; sa constante préoccupation fut de faire de la presse l'organe et comme la représentation effective de l'opinion publique, et de la constituer comme une puissance rivale à côté du gouvernement, d'en faire, en un mot, un quatrième pouvoir dans l'État. Sur cette route, il devait nécessairement rencontrer de la résistance; le ministère Pitt, par exemple, fit son possible pour entraver dans son entreprise le publiciste indépendant. C'était à l'époque des grandes guerres du continent, et Walter, désireux d'établir la supériorité de son journal, avait organisé un vaste système de correspondance, dans lequel il avait aventuré une partie de sa fortune; le gouvernement faisait retenir aux ports de débarquement les paquets à l'adresse du *Times*, tandis qu'on laissait passer la correspondance des feuilles ministérielles. Mais cette lutte tourna au profit de Walter. En lui interdisant en quelque sorte la voie régulière des paquebots et de la poste, on le mit dans la nécessité d'organiser un service pour le *Times* seul; il eut ses navires, ses malles-postes, ses courriers. C'est ainsi, par exemple, qu'à force de persévérance, d'explorations laborieuses, de sacrifices d'argent, il parvint à accomplir ce que le gouvernement n'avait pu faire, qu'il réussit à organiser un service mensuel de dépêches entre l'Inde et l'Angleterre, par la voie de Suez et d'Alexandrie. C'était indépendamment des frais préliminaires, une dépense annuelle de 250,000 fr. qu'il s'imposait; mais les autres journaux en prirent successivement leur part, à la condition qu'il leur communiquerait ses nouvelles en temps utile. C'est à ce prix que le *Times* s'est assuré une correspondance plus régulière et plus active même que celle du gouvernement, et c'est à Walter qu'il faut rapporter l'initiative de cette organisation si vaste, qui fait d'un journal anglais une véritable puissance.

L'homme qui s'imposait de si grands sacrifices pour la partie matérielle de son journal, qui dépensait en courriers et en estafettes un revenu princier, ne devait pas hésiter à rémunérer libéralement tous ceux qu'il associait à son entreprise, et qu'il animait de son esprit. Aussi pouvait-il compter sur un dévouement à toute épreuve. Veut-on un exemple, entre mille, de ce zèle dont sont animés tous les membres de la grande famille du *Times*? En février 1848, un de ses rédacteurs n'hésita pas à traverser le détroit dans une barque non pontée pour porter le premier à Londres la nouvelle de la révolution qui venait d'éclater à Paris.

Il s'agissait là évidemment, pour les Anglais, de plus que d'un intérêt de curiosité. Je pourrais citer, si cela ne m'éloignait pas trop de mon sujet, cent autres exemples de l'habileté, de la perspicacité du *Times*, des services qu'il a rendus à ses concitoyens. Un jour, il dévoile un complot, formé par des escrocs habiles pour dépouiller simultanément les banquiers des principales places de l'Europe, complot qui avait reçu un commencement d'exécution à Florence, où une somme de 250,000 fr. avait été escroquée avec la plus grande facilité à une maison de banque, et dont son correspondant de Paris était parvenu, non sans des dépenses considérables, à saisir tous les fils; et le service rendu est jugé tel par le commerce de Londres, que la Cité en perpétue le souvenir par deux tablettes de marbre posées l'une dans la bourse, l'autre dans les ateliers du journal, et par des bourses, appelées *bourses du Times*, fondées dans les deux principales universités. Un autre jour, — c'était au temps de la grande controverse sur le libre échange, — le *Times*, qui avait longtemps et habilement défendu la législation sur les céréales, fait tout à coup volte-face, et annonce un beau matin que le sort des lois sur les céréales est décidé, que les ministres qui sont au pouvoir, — et qui n'y étaient entrés que pour défendre cette législation, — en demanderont bientôt l'abrogation. Cette assertion rencontre une incrédulité universelle, et les railleries ne sont point épargnées au *Times*, et à sa palinodie. Il laisse dire. Six mois après sir Robert Peel proposait à la chambre des communes l'abrogation des *cornlaws*, et la prédiction du *Times* se trouvait ainsi justifiée. Ce fait, et d'autres semblables, ont valu à ce journal aux yeux du public anglais une sorte d'infaillibilité : quoi que dise le *Times*, et quelque étranges que puissent sembler ses affirmations, on n'ose plus révoquer absolument en doute rien de ce qu'il imprime, et dans toute crise, chaque fois qu'un fait grave se produit, qu'une question difficile est soulevée, la première idée qui vienne au public est de s'informer de son opinion : Que dit, ou Que va dire le *Times?* se demande immédiatement toute la Cité. Ajoutez le soin qu'a toujours mis le puissant journal à prendre en main et à soutenir les réclamations du commerce, la facilité avec laquelle il prête l'appui de sa retentissante publicité même aux plaintes individuelles, lorsqu'elles sont fondées, et vous comprendrez l'immense autorité dont il jouit.

Quelques chiffres empruntés à un document officiel feront juger des progrès incessants de ce géant de la presse. En 1838 le tirage du *Times* a été de 3,065,000 exemplaires, et celui de tous les autres journaux quotidiens de 7,115,225; douze ans après, en 1850, le tirage du *Times* s'était élevé à 11,900,000, et celui de tous les autres journaux quotidiens réunis n'atteignait que 5,581,390; et cette proportion s'est maintenue, sans beaucoup varier, jusqu'en 1856.

Venons maintenant au chapitre des recettes. Pour couvrir leurs énormes dépenses, les journaux anglais ont deux sources de revenu : les annonces et la vente des numéros.

Il est impossible, on le comprend aisément, d'évaluer, même approximativement, le produit que chaque journal tire de ses annonces, les éléments d'appréciation variant tous les jours. Cependant le *Times*, à l'occasion d'une polémique sur le timbre, a laissé échapper quelques chiffres sur lesquels on peut baser une appréciation. Ce journal parut le 26 mai 1851 avec un supplément. Ce jour-là il versa au trésor public 6,100 fr. pour timbre, 1,600 fr. pour droit sur le papier, et 2,200 fr. pour droit sur les annonces, au total 9,900 fr. En 1850, le même journal avait acquitté 400,000 fr. pour droit sur le papier, 500,000 fr. pour droit sur les annonces, et 1,670,000 fr. pour timbre, en tout 2,570,000 fr., soit, en moyenne, 8,210 fr. par jour de publication. Or, le droit attribué au trésor étant de 1 fr. 80 c. par annonce, les 500,000 fr. payés de ce chef représentent en nombres ronds, 275,000 annonces, et, à ne les mettre qu'à 10 fr. l'une dans l'autre, ce seul chapitre aurait produit au *Times* une recette de près de 3 millions. Et ce produit a toujours été en augmentant depuis l'abolition du droit qui pesait sur les annonces; car le *Times*, qui ne publiait alors de supplément que deux ou trois fois par semaine, en publie maintenant tous les jours au moins un, et très-souvent deux.

La vente des numéros donne un produit qui varie suivant le prix auquel chaque journal se donne. Avant la diminution du timbre, le prix a peu près uniforme d'un numéro d'un des grands journaux était de 70 centimes. Dans ce prix le timbre entrait pour 32 centimes et le papier pour 8, ensemble 40 centimes; le numéro était passé au courtier à 53 centimes : il restait donc par numéro, abstraction faite bien entendu des frais de composition et de tirage, 13 centimes. Aujourd'hui qu'il n'y a plus de timbre, on n'a plus à défalquer du prix de vente que le prix du papier, qui peut être porté à 10 centimes, à cause de la dimension plus grande des journaux et de la rapidité du tirage, qui exige l'emploi d'un papier solide et fortement collé. La vente des numéros du *Daily Telegraph*, à 10 centimes, représenterait donc à peine le prix du papier; mais il lui faut nécessairement sur ce prix faire une remise aux courtiers d'au moins 2 centimes. Le prix de 30 centimes, qui est encore celui du *Times* et de la plupart des grands journaux, laisse de 2 à 5 centimes, suivant que le papier coûte 8 ou 10 centimes, et que la remise du courtier est de 7 ou de 8 centimes. Prenons 3 centimes : à 40,000 exemplaires que se vend ordinairement le *Times*, ce seraient 1,200 fr. qui viendraient chaque jour, de ce chef, en déduction des frais généraux.

Le budget des journaux français est loin de présenter ces proportions formidables. Cela ne tient pas seulement à ce qu'ils sont d'un format moindre de plus de moitié, mais encore au peu de souci qu'ils ont comparativement de remplir leur rôle d'informateurs, de vulgarisateurs. En Angleterre, c'est à force de sacrifices que les journaux se disputent la vogue, le crédit, l'influence, les lecteurs; ils ne cessent de lutter entre eux, et avec acharnement, à qui donnera plus tôt et le plus exactement les nouvelles intéressantes. Rien de pareil en France. Chez nous les journaux se font un peu comme ils se tirent, mécaniquement. Les nouvelles et les faits de toute nature leur sont fournis par des usines spéciales; le compte rendu des chambres leur est livré gratuitement par l'Etat; leurs annonces sont affermées. Ils peuvent donc, une fois leur lit fait, dormir sur leurs deux oreilles; ou, s'ils éprouvent de temps en temps le besoin de retenir leurs abonnés ou d'en attirer de nouveaux, ils ne trouvent rien de mieux à faire que de leur offrir en prime des objets sans valeur. Quant aux nouveaux entrants dans la lice, ils chercheront la plupart du temps le succès dans des combinaisons portant sur la contexture, l'agencement du journal lui-même. Toutes choses peu dispendieuses.

Voici sur le budget d'un journal parisien, à défaut de chiffres positifs, qu'aucun d'eux ne consentirait sans doute à livrer, quelques données qui du moins mettront le lecteur sur la voie :

Les frais d'un journal sont de deux natures : les frais *fixes* et les faits *progressifs*.

Les frais comprenant la rédaction, la composition typographique, l'administration et le loyer, s'appellent *frais fixes*, parce qu'en réalité ils ne varient pas, quel que soit le nombre des abonnés.

Les frais comprenant les droits de timbre et de poste, le papier, le tirage, le pliage, les adresses, s'appellent *frais progressifs* ou *proportionnels*, parce qu'ils augmentent en raison proportionnelle du nombre des abonnés.

La dépense apportée par chaque abonné nouveau se constitue ainsi, en négligeant les menus frais de pliage et de bandes :

Pour Paris :

Timbre, 360 nos à 6 c.	21 fr.	60 c.
Papier, tirage, 360 feuilles à 5 c.	18	00
Port, 360 feuilles à 1 c.	3	60
	43 fr.	20 c.

Pour les départements :

Timbre, papier, tirage, comme pour Paris.	39 fr.	60 c.
Port, 360 nos à 4 c.	14	40
	54 fr.	00 c.

Ainsi chaque abonné de Paris coûte au journal 43 fr. 20 c., et lui rapporte, d'après ce que nous avons dit plus haut, 52 fr. ; chaque abonné de département lui coûte 54 fr., et lui rapporte 64 fr. Il lui reste donc, abstraction faite des remises qui peuvent être accordées à des courtiers, 8 fr. 80 c. par chaque abonné de Paris, et 10 fr. par chaque abonné de département, pour couvrir, concurremment avec le produit des annonces, les dépenses ou frais fixes.

Contrairement aux frais proportionnels, qui sont à très-peu près les mêmes pour tous les journaux, les frais fixes peuvent varier sensiblement pour chaque journal, suivant qu'il rémunère plus ou moins largement ses rédacteurs et ses employés, qu'il se loge plus ou moins somptueusement, etc. Voici, d'après les révélations faites par de M. Girardin dans une polémique avec les fondateurs de l'*Époque*, quels étaient en 1845 les frais fixes de la *Presse :*

Rédaction et correspondance, gérant compris.	144,000
Composition.	50,000
Usure des caractères.	25,000
Administration, loyer.	40,000
Perte sur le cautionnement. ...	3,000
Échange et gratuits.	6,000
Procès, amendes.	2,000
Réparations et renouvellement des presses mécaniques, imprévu et dépenses extraordinaires.	12,000
Total.	282,000

Quelques-uns des éléments de ce calcul, opposé aux calculs fantastiques de l'*Époque*, pourraient bien avoir été tant soit peu enflés pour les besoins de la cause ; je crois, d'ailleurs, qu'il est possible de faire, et que la plupart des journaux font, sur certains de ces chapitres, de notables économies, et l'on peut, sans trop s'écarter de la vérité, fixer la moyenne des frais généraux d'un journal quotidien à 250,000 fr.

Partant de ces données, nous pouvons nous faire une idée suffisamment approximative du budget du plus achalandé de nos journaux et de celui du plus cher, du *Siècle*, qui a 45,000 clients, que, pour la facilité de notre démonstration, nous supposerons tous abonnés, à 52 et 64 fr., soit, l'un dans l'autre, à 58 fr., et du *Journal des Débats*, qui en a 10,000 à 64 et 80 fr., soit 72 fr. en moyenne.

Les 45,000 abonnés du *Siècle* lui coûtent, l'un dans l'autre, Paris et départements, 48 fr. 60 c. l'un, mettons

49 fr., soit ensemble.	2,205,000 fr.
Si nous mettons les frais généraux même à.	275,000
Nous aurons une dépense totale de.	2,480,000 fr.
45,000 abonnés à 58 fr. produisent.	2,610,000
Resterait donc, du chef seulement des abonnements, si l'on ne tient compte des remises, un bénéfice de.	130,000 fr.
Auxquels il faut ajouter pour les annonces au moins.	300,000
Les recettes du *Siècle* excéderaient donc les dépenses d'environ.	430,000 fr.

Le même calcul appliqué au *Journal des Débats* donnerait pour l'excédant des recettes de cette feuille, avec ses 10,000 abonnés, la somme de 250,000 fr.

Ces calculs sont basés sur les abonnements, le système dominant au *Siècle* et aux *Débats*. Quant à la vente au numéro, les résultats en sont facilement appréciables. Le numéro revenant au journal, comme nous l'avons vu, à 11 centimes au moins, 6 de timbre et 5 pour le papier et le tirage, et la remise faite aux vendeurs étant de 3 centimes au moins — quelques journaux en font 5, — la vente à 15 centimes le numéro laisse à peine 1 centime pour les frais fixes, les frais généraux. Un journal qui se donne à 10 centimes perd donc 4 centimes par numéro; et si ce journal se vend à 20,000, comme s'en vante la *Liberté*, c'est une perte sèche de 800 fr. par jour, soit 288,000 fr. par an. Si l'on peut, moyennant un pareil sacrifice, arriver à affermer sa quatrième page 300,000 fr., c'est assurément bien joué, cela se comprend; mais ce qui ne se comprend plus, c'est que, parvenu là, on aspire aussi bruyamment à doubler le chiffre de sa vente.

Un débat qui eut lieu à la chambre des députés en 1827 nous fournit l'occasion d'un rapprochement qui ne laisse pas d'être curieux. C'était à propos d'un tarif postal, et plus particulièrement d'un article de ce tarif concernant les journaux.

Une loi de l'an VIII avait fixé à 4 centimes par feuille et à 2 centimes par demi-feuille le prix du transport des journaux et écrits périodiques, et la dimension de la feuille avait été fixée par la loi du timbre à 25 centimètres carrés, celle de la demi-feuille à 12 centimètres 1/2. Le *Moniteur* atteignait seul alors la dimension de la feuille entière; tous les autres journaux se renfermaient dans celle de 12 centim. 1/2. Mais depuis ils s'étaient agrandis jusqu'à 17 centimètres et au-delà, et, comme la loi du timbre exigeait un centime pour chaque excédant de 5 centimètres, l'administration des postes était déjà autorisée à percevoir 3 centimes, au lieu de 2, pour la plupart des journaux autres que le *Moniteur*. Le nouveau projet portait la taxe à 5 centimes, *pour tous les imprimés sans distinction*, par chaque feuille de 30 décimètres.

A l'occasion du débat auquel donna lieu ce projet, M. de Villèle, pour le justifier, fut amené à entrer, sur les forces de la presse et la situation privée de certains journaux, dans des détails fort intéressants pour notre sujet.

« Voulez-vous savoir, dit-il, quels sont les bénéfices des journaux, et s'ils peuvent supporter la taxe proposée?

« Un journal qui a 20,000 abonnés — et il en est qui les ont (le ministre faisait allusion au *Constitutionnel*) — paye dans l'année pour les frais de tirage du premier mille, en se servant des méthodes perfectionnées qui ont été découvertes de nos jours et mises à la portée de chacun, — 48,960 fr., et pour les dix-neuf autres, 109,440 fr. Total des frais d'impression, fourniture de papier et tout ce qui constitue le journal tel qu'il arrive aux abonnés : 158,400 fr. par an. Il paye pour frais de timbre, à 6 centimes, 432,000 fr.; frais de poste, 2 centimes pour les deux tiers des abonnements, car l'autre tiers se distribue à Paris, 96,000 fr. — Total des frais : 686,405 fr. Le produit des abonnements est de 1,440,000 fr. Reste pour les frais de rédaction et les bénéfices 753,595 fr.

« Et la mise dehors, non compris les frais de rédaction, à prendre sur les bénéfices, est de 10,000 fr. pour une presse mécanique, 7,000 fr. de caractère, et un millier d'écus pour le petit mobilier nécessaire à un bureau de journal : au total 20,000 fr. Voilà le capital nécessaire.

« Après le journal dont j'ai parlé, ajoutait M. de Villèle, en vient un autre qui a 12,600 abonnés (les *Débats*) : d'après les mêmes données, les bénéfices, frais de rédaction exceptés, sont de 458,784 fr. Pour un autre journal, qui a 6,500 abonnés (la *Quotidienne*), ils sont de 179,906. Pour un autre, qui a 4,000 abonnés (le *Journal de Paris*), ils sont de 76,158 fr. Enfin, pour d'autres, qui ont 3,000 abonnés, ils sont de 56,320 fr. »

Le *Constitutionnel* protesta contre l'exactitude, en ce qui le concernait, des calculs présentés par le ministre. Casimir Périer les rectifia ainsi, en effet, dans la séance suivante, d'après le bilan de sa situation fourni par le *Constitutionnel* à la commission de la presse, et dressé dans les formes légales.

Le chiffre des abonnements était bien de 20,000. La recette, déduction faite des remises, avait été en 1826 de 1,323,976 fr. Le gouvernement avait perçu pour timbre 450,095 fr.; pour port, 102,221 fr. : total, y compris les ports de lettres, 554,409 fr. Restait 769,567 fr. pour dépense de papier, impression, rédaction, administration, loyer, bureau, pliage, port dans Paris et la banlieue, etc., lesquels objets avaient employé 394,566 fr. Le bénéfice net avait donc été de 375,000 fr., 25,000 fr. par action, sur lesquels il fallait précompter l'intérêt du capital.

C'était encore un assez joli denier.

LIBERTÉ DE LA PRESSE.

Jusqu'ici nous n'avons guère vu le journal que dans ses relations avec le public. Pour compléter ce tableau du développement de la presse périodique, il nous reste à dire quelques mots de ses rapports avec le pouvoir, rapports qui constituent ce qu'on appelle la liberté de la presse.

Le public montra d'abord peu de bienveillance pour les gazetiers et le commerce des nouvelles; mais il en était bientot venu ensuite à comprendre l'importance du journal, et on le voit partout soutenir de ses sympathies les journalistes, et, au besoin même, prendre en main leur défense.

Le pouvoir, au contraire, s'est montré en tous lieux et en tous temps plus ou moins ouvertement hostile à la presse; partout, si ce n'est pourtant en Amérique, elle a eu à soutenir, au nom du principe de liberté, des luttes acharnées contre le principe d'autorité.

Mon intention n'est point d'entrer ici dans la discussion de cette question si difficile de la liberté de la presse; je veux seulement parler des entraves en quelque sorte matérielles mises à l'expansion des journaux.

Autorisation. — En France, jusqu'à la fin du dix-huitième siècle, les journaux ne pouvaient exister qu'en vertu d'un privilége; et encore ne parlé-je que des journaux non politiques, car la publication des faits politiques appartenait à la seule *Gazette*. Mais ce privilége, il était assez facile de l'obtenir; il suffisait quelquefois de payer, comme nous l'avons dit, un tribut de 2 ou 300 francs au suzerain des journaux, le *Journal des savants*. Souvent encore l'on imposait aux impétrants un chiffre plus ou moins élevé de pensions à servir à diverses personnes, principalement à des gens de lettres. L'*Année littéraire* de Fréron, par exemple, en était grevée pour une somme de 5,000 fr. En 1762, le *Mercure* en servait pour 28,000 livres, et quelques années après un libraire obtenait le privilége de ce recueil à la condition de payer tous les ans pour le service des pensions une somme nette de 30,000 livres, indépendamment d'une rente de 5,000 livres qu'il s'engageait à servir au titulaire du privilége. On lit dans un mémoire publié en 1791 par Panckoucke, qui avait alors, avec l'entreprise du *Mercure*, celle de la *Gazette* et du *Journal politique*, que les pensions qu'il payait du chef de ces journaux montaient chaque année à plus de 120,000 livres.

Quelquefois le privilége d'un journal était la récompense d'un service rendu à la société : ainsi, en 1786, il en était accordé un à Hoffmann, l'inventeur du polytypage, qui en profitait pour publier le *Journal polytype des sciences et des arts*. D'autres fois la concession d'un privilége était déterminée par des motifs moins avouables, comme, par exemple, quand le duc de Choiseul autorisait la création d'un journal au profit d'une courtisane qu'il honorait de ses bontés.

La durée du privilége pour les journaux demeura longtemps indéterminée; ce ne fut qu'en 1785 qu'un arrêt du conseil étendit aux ouvrages périodiques le règlement qui fixait à dix années le terme des priviléges. La *Correspondance secrète*, en applaudissant à cette mesure, ajoutait qu'il ne restait plus qu'un pas à faire pour perfectionner la nouvelle loi : c'eût été de donner les journaux en forme de récompense aux gens de lettres qui se seraient rendus recommandables par de bons ouvrages. Cela me rappelle l'étrange proposition qui fut faite un jour au Conseil des anciens par un de ses membres : ce vertueux magistrat, pensant moraliser la presse en lui appliquant l'antique institution des rosières, demandait que chaque année, à la fête de la République, on proclamât le nom du journaliste qui aurait le mieux servi la chose publique par ses feuilles.

Les journaux venant des pays voisins, ou imprimés à Paris sous une rubrique étrangère, versaient dans la caisse du ministère des affaires étrangères un droit annuel, qui variait suivant mille considérations.

La révolution de 1789 vint enfin, qui affranchit la presse de toute espèce d'entraves. Depuis lors elle a joui d'une liberté intermittente, haussant ou baissant, suivant les oscillations de la politique. L'histoire de ces variations ne saurait trouver place ici; je me bornerai à dire que les journaux ont été replacés, par le décret du 17 février 1852, qui régit aujourd'hui la presse, sous le régime de l'autorisation préalable, ou du privilége.

En Angleterre, la presse jouit aujourd'hui de la plus entière liberté; mais cette liberté, de date assez récente encore, repose sur l'opinion publique et les mœurs du pays, et non, comme on pourrait le croire, sur une législation plus libérale que celle des autres nations. Nulle part ailleurs, au contraire, il n'y a un pareil arsenal de lois contre la presse; nulle part elle n'a eu à lutter contre des obstacles plus forts et une plus longue persécution; et il lui a fallu pour en triompher toute cette ténacité qui est dans le caractère anglais.

Les premiers journalistes se trouvèrent en face de la chambre étoilée, qui ne cessa de leur faire une guerre acharnée, employant contre eux les supplices les plus cruels, les plus barbares. Quand le pouvoir fut passé à la chambre des communes, cette assemblée, qui avait fait un crime aux Stuarts de leur chambre étoilée et de leurs persécutions contre la presse, refusa de subir à son tour ce contrôle de la publicité qu'elle avait elle-même imposé à la royauté; elle se transforma en une véritable chambre étoilée pour venger ses propres injures. Toute allusion à ses débats intérieurs, toute réflexion sur les mesures votées par elle, devinrent des délits, punis par l'amende, l'emprisonnement, le pilori. Il n'y avait pas d'année qu'on n'y mît en délibération les moyens de réprimer la licence de ce pouvoir nouveau, qui exerçait sur elle une surveillance importune et lui disputait la direction de l'opinion publique.

Signature des articles. — Parmi les moyens proposés pour atteindre ce but, on songea à exiger une signature au bas de chaque article. « Il était temps, disait l'auteur de la proposition, que les écrivains déposassent leur masque et signassent leurs œuvres de leur nom », afin d'en porter la responsabilité. Cette mesure, qui a été introduite dans notre législation par l'Assemblée nationale de 1850, fut repoussée par le parlement anglais comme profondément ridicule.

Timbre. — En 1712, quelques membres de la commission du budget s'avisèrent que « le moyen le plus efficace de supprimer les libelles serait de mettre un impôt très-lourd sur tous les journaux et toutes les brochures. » Cette proposition fut accueillie avec acclamation; la chambre des communes vota un droit de timbre d'un sou sur toute demi-feuille imprimée, de deux sous sur chaque feuille entière, et de vingt-quatre sous sur toute annonce insérée dans un journal. Ces droits, auxquels s'était bientôt ajouté un impôt sur le papier, existaient encore il y a une dizaine d'années. Ce n'est pas que les intéressés les supportassent patiemment; on voit les journalistes et les imprimeurs, soutenus par des gens passionnés, s'ingénier sans cesse à éluder l'impôt du timbre, et ce fut, pendant les dernières années surtout, une lutte acharnée entre les adversaires de cet impôt et la police. Dans les trois premières années du ministère de lord Grey il y eut 509 poursuites pour vente de journaux non timbrés; il y en eut 219 dans la seule année 1835, et ce nombre allait encore s'accroissant quand le gouvernement, voyant son impuissance à réprimer la fraude, bien qu'il ne fût pas armé de moins de dix-neuf lois contre les imprimeurs, éditeurs et vendeurs de journaux non timbrés, prit le sage parti, en 1836, d'abaisser l'impôt du timbre de 40 centimes à 10. Ainsi réduit, le timbre continuait, comme cela avait lieu par le passé, à faire office de droit de poste, conférant aux journaux le droit de circuler gratuitement pendant quinze jours dans l'étendue des trois royaumes. Les propriétaires de journaux ne se tinrent cependant pas pour satisfaits : si ces 10 centimes étaient un impôt, ils le repoussaient; si c'était la rémunération d'un service, ils ne pouvaient être équitablement perçus que quand ce service était réellement rendu, c'est-à-dire sur les seuls exemplaires expédiés par la poste. Leurs réclamations finirent par triompher, et un bill de 1856 les affranchit de l'obligation de faire timbrer les numéros qu'ils vendent dans Londres ou qu'ils font transporter à leurs frais.

En France les journaux ne furent assujettis au timbre que par une loi de vendémiaire an 6. Une décision ministérielle déclara la mesure applicable aux journaux étrangers, qui devaient être timbrés avant de pouvoir circuler en France; mais cette décision fut rapportée en 1828. Elle a été rétablie en 1852.

En Amérique les journaux ne sont pas assujettis au timbre; mais le droit de poste y est beaucoup plus considérable qu'en France, où il est aujourd'hui de 4 centimes.

Cautionnement. — L'idée première de cette formalité paraît appartenir à Chateaubriand. La loi de 1819 se l'appropria, et depuis lors l'obligation du cautionnement, dont le taux a plusieurs fois varié, n'a cessé de faire partie de notre législation sur la presse.

LA PRESSE PÉRIODIQUE DANS LES DIVERS ÉTATS.

EUROPE.

France.

La presse, en France, date, nous le savons, de la création de la *Gazette*, de 1631. Jusqu'en 1789 elle demeura sous le régime du privilége et du monopole, et, politiquement, son rôle fut complétement nul. La presse littéraire seule jeta quelque éclat et exerça une influence appréciable. Le journal s'était d'ailleurs frayé des voies diverses et nombreuses, et toutes les spécialités avaient fini par avoir leurs organes.

De 1631 à 1789 j'ai trouvé à enregistrer 350 journaux ou recueils périodiques dans tous les genres.

Un choix des mercures publié au milieu du 18e siècle donne la nomenclature de 79 journaux, formant ensemble plus de 10,000 volumes, qui auraient été mis à contribution pour cette compilation.

La Harpe, à propos de la naissance du *Journal de Paris*, 1777, parle des 28 journaux qui paraissaient déjà dans la capitale; une liste des journaux circulant à Paris en 1779 en contient 27, plus 14 gazettes et journaux venant de l'étranger.

La rupture, en 1789, des liens qui avaient jusque-là enchainé la liberté de la presse amena une éruption de journaux telle qu'on n'avait jamais rien vu de pareil. L'année 1789, ou plutôt la dernière moitié de cette année, ne vit pas naître moins de 250 journaux ou écrits affectant les allures du journal; j'en ai compté plus de 350 en 1790. Le mouvement se ralentit un peu en 1791; il reprend une nouvelle activité au commencement de 1792, mais il est violemment interrompu par les événements du 10 août, qui mettent hors de combat les journaux royalistes et constitutionnels. La lutte se condense alors entre la Montagne et la Gironde. Celle-ci tombée, la parole est aux seuls Jacobins. Le 9 thermidor rend à la presse sa liberté, et les journaux vont se multipliant sous le Directoire, jusqu'au 18 fructidor, la Saint-Barthélemy des journalistes. En résumé j'ai compté, de 1789 à 1800, environ 1,350 journaux. A l'exception, à peu près unique, du *Moniteur*, qui a toujours été in-folio, et d'un petit nombre qui étaient in-4°, plus ou moins grand, plein ou à deux colonnes, tous ces journaux étaient de format in-8°, ou même in-12. La plupart ne paraissaient qu'une ou deux fois par semaine, et formaient de petites brochures qui variaient de deux à quatre ou cinq feuilles. Quelques-uns seulement paraissaient tous les jours; ceux-là ne donnaient que huit pages, rarement douze. Le prix d'abonnement était de 9 à 12 livres par trimestre.

Le Directoire avait fait à la presse de profondes blessures; le Consulat lui porta le dernier coup. Un arrêté du 17 janvier 1800 réduisit le nombre des journaux parisiens à 13; tous les autres, au nombre de 73, furent supprimés, à l'exception de ceux qui s'occupaient exclusivement des sciences, arts, commerce, annonces et avis, et il était ordonné au ministère de la police de veiller à ce qu'il ne s'imprimât aucun nouveau journal. Fiévée reproche quelque part à celui-ci de s'être montré trop facile; cependant, pendant les quatorze à quinze ans que durèrent le Consulat et l'Empire, je n'ai pu trouver la trace que d'une soixantaine de journaux. — Un tableau, dressé par ordre du premier consul, des ouvrages périodiques et par souscription expédiés par la poste pendant le mois de germinal an XI, avec le nombre présumé de leurs abonnés dans les départements (non compris les envois affranchis par état), contient 68 journaux et recueils de toute nature, dont 15 paraissant tous les jours, et réunissant ensemble, dans les départements, 40,000 abonnés. Si l'on admet que Paris, à lui seul, en fournit autant, la clientèle des journaux parisiens se serait élevée à 80,000 souscripteurs environ. Le journal le plus florissant alors est le *Journal des Débats*, qui envoie en province 8,150 numéros; après lui vient la *Gazette de France*, qui en envoie 3,250. — En 1811, le nombre des journaux à Paris fut encore réduit; quatre seulement furent conservés; et quant à la province, un décret de 1810 avait décidé qu'il n'y aurait dans chaque département qu'un seul journal, lequel était mis sous l'autorité du préfet et ne pouvait paraître sans son autorisation.

Les Bourbons, en rentrant en France, proclamèrent la liberté de la presse; mais ils ne tardèrent pas à apporter à cette libéralité d'étroites restrictions; 25 journaux néanmoins furent créés durant cette courte période, d'avril 1814 à avril 1815.

Napoléon, à son retour de l'île d'Elbe, laissa à la presse une très-grande liberté; 20 journaux s'ajoutèrent durant les Cent-jours à ceux qui existaient déjà.

De 1815 à 1830 la presse soutint, pour l'établissement et la défense des libertés publiques, une lutte glorieuse, à laquelle prirent une part plus ou moins active 300 à 350 journaux.

Une notice contemporaine porte le nombre des journaux publiés à Paris en 1818 à 150, dont 8 journaux politiques quotidiens, 62 journaux ou recueils mixtes, de politique, de littérature et d'arts, et 5 en langues étrangères ou mortes : 1 portugais, 3 anglais, et un latin, l'*Hermes romanus*. — Deux ans après, Paris avait un journal grec, ΑΘΗΝΑ..., journal de littérature, science et commerce. — Le nombre des journaux des départements, à la même époque, était évalué à une centaine.

Voici quelle était en 1824, suivant un rapport secret adressé au ministère, la situation exacte de la presse parisienne. Le gouvernement avait pour lui 6 journaux, qui comptaient ensemble 14,344 abonnés; l'opposition avait également 6 journaux, mais qui réunissaient 41,330 abonnés. A la fin de 1825 la presse de l'opposition était montée au chiffre de 44,000 souscripteurs, et la presse du gouvernement n'en comptait plus que 12,580.

D'un débat qui eut lieu à la chambre des députés en février 1827 au sujet d'un tarif postal, il ressortit qu'il y avait à ce moment 132 journaux ou publications périodiques, dont 84 étaient transportés par la poste, les autres ne circulant que dans Paris. Les journaux politiques étaient au nombre de 16, dont 13 quotidiens. Le surplus se repartissait ainsi : feuilles d'annonces, 15 ; agriculture et économie rurale, 4 ; finances et économie politique, 2; matières administratives, 6 ; jurisprudence, 10; médecine, 18; éducation, 2 ; sciences, 16 ; religion, 7; littérature, 11 ; voyages, 2; beaux-arts, 1 ; bibliographie, 3; musique, 8 ; théâtres, 6; modes, 2.

Il semblerait que la révolution de Juillet 1830, faite par et pour la presse, eût dû provoquer un nouveau débordement d'écrits polémiques, Il n'en fut rien cependant; le mouvement de la presse fut comparativement modéré. J'en dirai autant de l'effet de la révolution économique apportée dans le journalisme en 1836 par l'avénement de la presse à 40 fr. : il se fit sentir par l'accroissement de la clientèle des journaux existants plus que par l'augmentation du nombre des journaux. Quelques chiffres donneront une idée de ce mouvement. Le nombre des feuilles timbrées à Paris pour le service des journaux n'était en 1828 que de 28 millions; il s'éleva successivement en 1836 à 42 millions, en 1843 à 61, en 1845 à 65, en 1846 à près de 80 millions. A la fin de cette dernière année on comptait à Paris 26 journaux quotidiens, qui réunissaient environ 180,000 abonnés ; 4 en comptaient de 500 à 2,000; 8, de 2 à 3,000 ; 9, de 3 à 5,000; 2, de 10 à 15,000 ; 2, la *Presse* et le *Constitutionnel*, de 20 à 25,000 ; 1, le *Siècle*, en comptait plus de 30,000.

En 1835 le nombre des journaux était de 605, 347 à Paris et 258 dans les départements; en 1845 il était monté à 750, mais la proportion s'était intervertie : ceux des départements s'étaient élevés à 520, et Paris n'en comptait plus que 230. De ces 750 journaux, 310 étaient politiques ; il y en avait 1 allemand, 1 espagnol, 4 anglais et 6 polonais.

En résumé, j'ai pu relever, pour les dix-huit années de la monarchie de Juillet, environ 700 journaux.

La révolution de février 1848 affranchit de nouveau la presse de toute entrave, et il y eut alors comme une avalanche de journaux ou soi-disant journaux, plus désordonnée encore que celle que l'on avait vu, en 1789. Je n'ai pas compté moins de 450 journaux en 1848, et l'année 1849 en vit encore éclore plus de 200. Les désordres causés par ce débordement n'avaient pas tardé à amener une salutaire réaction : le décret de février 1852, qui régit aujourd'hui la presse, et qui soumet les journaux politiques à l'autorisation préalable, l'arrêta tout court. Mais à côté de la presse politique proprement dite, de la grande presse, s'est élevée une petite presse, dite, je ne sais pourquoi, littéraire, qui a pris, depuis quelques années, un énorme développement, au détriment de la première, et au premier rang s'est placée une classe nouvelle de journaux, les journaux de nouvelles, qui partout ailleurs seraient assimilés aux journaux dits politiques, dont ils ne diffèrent qu'en ce qu'ils s'abstiennent de polémique, de discussion, ce dont ils se dédommagent largement d'autres côtés.

En 1860 Paris comptait 500 journaux ; il en comptait plus de 800 au commencement de 1866.

Le nombre total des journaux publiés en France au 1er janvier 1865 était de 1,098, dont 337 politiques : 63 à Paris et 274 dans les départements, et 761 plus ou moins étrangers à la politiques : 511 à Paris et 250 en province.

Au 1er janvier 1866 le nombre total des publications périodiques s'était élevé à 1637, dont 330 politiques, 7 de moins qu'en 1865. La différence portait tout entière sur les départements; en revanche la presse non politique y avait plus que doublé : on y comptait 604 feuilles littéraires, commerciales, fantaisistes, etc., presque autant qu'à Paris, qui n'en avait guère plus de 700.

D'après des documents officieux produits à la Chambre des députés, au 1er mars 1866 le tirage moyen de la presse quotidienne politique de Paris était de 350,000 numéros': le *Petit Moniteur*, publié comme on le sait, dans des conditions tout exceptionnelles, entrait à lui seul dans ce nombre pour 130,000. La presse non politique, qui avait donné lieu depuis 1852 à 3,244 déclarations, tirait en moyenne par jour 800,000 exemplaires.

Quelques rapprochements démontreront la vérité de ce que je disais tout à l'heure du préjudice causé à la grande presse par cette presse hétéroclite, ces sortes de journaux marrons qu'on nomme la petite presse. En cinq années le tirage de la *Patrie* est descendu de 32,000 à 16; celui du *Constitutionnel*, de 24,000 à 13; celui de la *Presse*, de 25,000 à 15; celui du *Siècle*, de 55,000 à 45; celui de l'*Opinon nationale*, de 18,000 à 15; celui du *Journal des Débats*, de 12,000 à 9, etc. On voit par ces chiffres que le plus achalandé des grands journaux, et de beaucoup, est le *Siècle*, qui compte presque trois fois autant d'abonnés que ceux qui en ont le plus après lui.

Je ne parle pas des journaux français publiés à l'étranger, non plus que je n'ai parlé des journaux anglais publiés hors du Royaume-Uni. Notre langue étant le véhicule des idées politiques et littéraires, il y a peu de pays où l'on ne trouve quelque journal français. La langue anglaise n'a pas le même privilége, il est vrai; elle ne se répand pas d'elle-même, et n'est guère usitée que là ou s'établissent des colonies britanniques; mais c'est assez pour qu'il y ait des journaux anglais dans toutes les parties du monde. Seulement ces publications ainsi implantées hors du sol de la mère-patrie ont un caractère très-différent : les journaux français publiés à l'étranger sont presque tous littéraires; les journaux anglais dans le même cas ne sont, au contraire, que des feuilles d'annonces et de nouvelles, modelées toutes sur le même patron, le *Times*.

Angleterre.

De très-bonne heure on trouve en Angleterre des feuilles volantes contenant le récit d'événements qui s'étaient accomplis en Angleterre ou sur le continent, et généralement intitulées *News*, Nouvelles. En 1619 on voit un imprimeur se faire de ces relations comme une spécialité, et publier, sous ce titre de *News*, de fréquentes nouvelles des pays étrangers, auxquelles il ne manquait pour être des gazettes que la périodicité. Ce progrès ne tarda pas à être accompli. En 1622 une association d'éditeurs commença la publication de *Nouvelles hebdomadaires* d'Italie, d'Allemagne, etc., dont les numéros semblent s'être suivis régulièrement. Le plus ancien numéro qui en soit conservé au *British Museum* est du 23 mai. Celui du 30, et plusieurs des suivants, portent la mention dont nous avons parlé au sujet des feuilles volantes : « traduit de l'original hollandais. » Cette mention disparaît à partir du 25 septembre, époque à laquelle la rédaction des *Weekly News* parait avoir été confiée à un auteur de nouvelles à la main, Nathaniel Butter, dont le nom figure dès lors sur chacun des numéros, lesquels, à dater de la même époque, portent, outre la date de leur publication, un numéro d'ordre, ce qui met hors de doute la périodicité de cette feuille.

Ce premier-né des journaux anglais était loin d'avoir les dimensions formidables des feuilles actuelles. C'était un petit-in-4°, imprimé sur un papier très-grossier, et qui ne donnait certainement pas dans une année autant de matière qu'en contient un numéro du *Times*. Il n'y est jamais fait la moindre allusion à ce qui se passe en Angleterre : la chambre étoilée ne l'eût pas souffert; on n'y trouve que des nouvelles étrangères, et encore sans aucune réflexion. Les *Weekly News*, qui prenaient quelquefois le sous-titre de *Mercurius britannicus*, pour recueillir un peu de la popularité des mercures du continent, eurent d'abord quelque vogue, mais qui ne se soutint pas; elles éprouvèrent de fréquentes interruptions, et on en perd tout à fait la trace après le mois de janvier 1640. La faute en fut, si l'on en croit les plaintes de Butter, à la censure, qui taillait à tort et à travers dans ses nouvelles étrangères, et leur ôtait tout intérêt.

L'abolition de la chambre étoilée permit enfin à la presse de respirer; pour elle, c'était presque la liberté. Le Long Parlement laissa publier régulièrement le compte rendu de ses séances, et cette publication, commencée en 1641, sous le titre de *Diurnal Occurrences in Parliament*, se continua sans interruption jusqu'à la restauration des Stuarts. De nombreux journaux s'établirent à Londres et dans les provinces; la seule année 1643 en vit naître vingt, et ces journaux firent un premier pas dans le domaine de la politique en reproduisant les débats parlementaires, puis ils s'enhardirent à publier des nouvelles de l'intérieur et à discuter les affaires du pays. Ce n'est pas que ce droit leur fût reconnu; le parlement, au contraire, n'avait pas tardé à réagir contre ces velléités libérales, et il n'est sorte d'entraves qu'il n'essayât d'imposer aux journalistes. Ce sont ces persécutions du parlement qui donnèrent lieu aux célèbres pamphlets de Milton en faveur de la liberté de la presse. Mais les journaux avaient dans les nécessités du temps un meilleur avocat encore que Milton. Le parlement et la royauté étaient en lutte ouverte, et des deux côtés on cherchait un appui dans l'opinion publique. On s'aperçut bientôt que les journaux étaient un instrument fort supérieur aux pamphlets; chaque parti voulut avoir son organe, et, comme en France à la même époque et dans des circonstances à peu près identiques, on se fit la guerre à coups de plume autant et plus qu'à coups de fusil. Seulement, en France, comme nous l'avons fait remarquer, le pamphlet demeura l'arme favorite, tandis qu'en Angleterre ce fut le journal. Les dix-neuf années qui s'écoulèrent de 1641 à la restauration des Stuarts virent naître et mourir plus de deux cents journaux. La plupart de ces feuilles — toutes in-4° et hebdomadaires, et dont une vingtaine ont porté le nom de *Mercure* — tenaient sans doute encore beaucoup du pamphlet, mais elles tendaient à perdre ce caractère. Il y avait une polémique suivie entre les journaux de la cour et ceux du parlement; on s'attaquait, on se répondait de part et d'autre; on se parodiait quelquefois, on s'injuriait très-souvent. Le journal n'était plus un objet de commerce; c'était un instrument politique.

La restauration des Stuarts porta un rude coup aux journaux, dont le nombre fut diminué et la liberté restreinte. Cependant, en donnant à quelques feuilles une consécration en quelque sorte officielle, le nouveau gouvernement assura en réalité l'existence de la presse anglaise. Ainsi un de ses premiers actes avait été de s'emparer d'un *Mercure politique* qui existait depuis une dizaine d'années, et dont il confia la rédaction, sous un autre titre, à deux écrivains dévoués. Bientôt Charles II voulut avoir en Angleterre le pendant de la *Gazette* de France, et ordonna la publication d'une feuille qui devint la *Gazette de Londres*, et dont le 1er numéro parut le 13 novembre 1665. Cette gazette, imprimée d'un seul côté, sur une demi-feuille, avec cette mention : « Par ordre », contenait des nouvelles de l'étranger, des avis de mer, et de temps en temps une annonce ou deux. Placée sous la direction spéciale d'un sous-secrétaire d'État, et rédigée par des écrivains à son choix, elle s'est continuée sans interruption jusqu'à nos jours, et c'est dans ses colonnes que se font encore les publications officielles.

Il fut publié pendant plusieurs années une édition en français de cette Gazette de Londres; le traducteur était un certain Moranville, à qui, paraît-il, on faisait quelquefois altérer ce qu'il traduisait, ce qui donna lieu à des plaintes de la part du parlement. Notre Bibliothèque impériale possède quelques numéros, des années 1666 et 1667, de cette traduction, qui paraissait, comme l'original, deux fois par semaine. J'y ai aussi trouvé plusieurs numéros de *Nouvelles ordinaires de Londres*, qui, d'après une assertion dont je ne saurais garantir l'exactitude, auraient vécu de 1650 à 1668, ce qui me paraît difficile à admettre, et seraient très-curieuses pour la guerre des Indépendants; les numéros que j'en ai vus sont de 1661 : le *numbre* 3, du jeudi $\frac{11}{21}$ au jeudi $\frac{18}{28}$ juillet, et le n° 4, portent : « Imprimés à Londres, et se trouvent à La Haye, chez... »; le n° 6 : « A Londres; par Peter Lillicrap, et se vendent... »

La révolution de 1688 rendit l'essor à la presse; non-seulement les journaux se multiplièrent, tous les partis en fondant à l'envi, mais leur rôle s'agrandit considérablement, malgré la résistance du parlement, qui s'arrogea sur eux le droit de censure qu'avait perdu la royauté, et leur interdit, sous les peines les plus sévères, de publier les débats des deux chambres. Enfin l'activité intellectuelle qui fit du règne de la reine Anne l'âge d'or de la littérature anglaise contribua puissamment encore au développement et à la transformation du journalisme, et c'est à ce règne qu'on peut rapporter, au dire de Hallam, la publication de véritables journaux, consacrés en partie à la diffusion des nouvelles, en partie à la discussion des matières politiques, lesquels eurent une grande circulation et devinrent les organes accrédités des diverses opinions. Londres compta bientôt dix-huit feuilles politiques, paraissant trois fois par semaine, dont la plus accréditée, le *Postman*, avait pour rédacteur un réfugié français, un ancien ministre calviniste, nommé Fonvive, homme de talent, qui était arrivé à écrire l'anglais comme sa langue maternelle. Ce nombre s'éleva un moment jusqu'à vingt-trois; en 1731, il était redescendu à dix-neuf : cinq journaux quotidiens paraissant le matin; quatre journaux du soir, paraissant trois fois par semaine, et dix journaux hebdomadaires.

En 1753 les journaux vendirent 7,411,757 feuilles; en 1760, 9,484,791; en 1790, 14,035,739; en 1791, 14,794,153; en 1792, 15,005,760. A cette dernière époque, on comptait à Londres 13 gazettes du matin, 20 du soir, et 9 hebdomadaires; il s'en publiait 70 dans les provinces et 14 en Écosse.

En 1822 le nombre des journaux s'était élevé à 280, dont 57 à Londres, 130 dans les comtés et le pays de Galles, 31 en Écosse, 54 en Irlande, et 8 dans les îles. Ils tirèrent : ceux de Londres, 16,254,634 exemplaires; ceux de province, 8,525,252 numéros, et ensemble ils payèrent au timbre plus de dix millions de notre monnaie. D'après un calcul fait par un Anglais, — nous citons celui-là parmi cent autres du même genre que nous avons rencontrés dans l'histoire de la presse anglaise, — si toutes les feuilles des journaux paraissant en Angleterre à cette époque eussent été posées en cercle sur notre globe, un enfant aurait pu faire le tour du monde en marchant toujours sur le papier, et si la taxe prélevée par le timbre eût été répandue en shellings sur sa route, il aurait pu en ramasser un de trois en trois pas.

On aura pu remarquer que le nombre des journaux ne s'était pas accru à beaucoup près aussi rapidement que leur circulation, et on en a une nouvelle preuve dans ce fait que de 1821 à 1831 il n'augmenta que d'une quinzaine. Cela a tenu aux frais énormes qu'avaient à supporter les journaux anglais, comme nous l'avons vu plus haut, frais tels qu'il fallait réunir un capital de plus d'un million avant de songer à la publication d'un seul numéro. Aussi est-ce à peine si pendant les cinquante premières années du siècle deux ou trois tentatives avaient été faites pour créer des journaux politiques nouveaux, et un seul, le *Daily-News*, qui date de 1846, avait réussi à triompher de tous les obstacles et à se faire une place dans la presse.

La loi de 1836, qui abaissa l'impôt du timbre de 40 centimes à 10, eut pour effet d'augmenter sensiblement le nombre des journaux; mais elle profita surtout aux feuilles existantes, dont la vente s'accrut immédiatement de 50 pour 100. Du 5 octobre 1835 au 5 avril 1836 les journaux avaient fait timbrer 14,874,652 feuilles; du 5 octobre 1836 au 5 avril 1837 ils en firent timbrer 21,362,148. En 1842 les seuls journaux anglais firent timbrer 50,088,175 feuilles; en 1848 le nombre des timbres delivrés aux journaux s'éleva à 90,928,580, dont 76,181,004 pour l'Angleterre, 7,673,918 pour l'Écosse, et 7,073,658 pour l'Irlande. Cependant, par un étrange revirement, l'effet produit par la loi de 1836 sur la vente des journaux n'avait pas tardé à faire place à un mouvement en sens contraire; à partir de 1843 ou 1844 tous avaient vu leur publicité décroître progressivement, à l'exception de deux : l'*Advertiser*, auquel sa clientèle toute spéciale demeura fidèle, et le *Times*, qui, bénéficiant seul de l'accroissement des lecteurs, et encore de tout ce que ses confrères avaient perdu, vit quadrupler sa clientèle : en 1837 le nombre des feuilles timbrées avait été en nombres ronds de 12 millions, dont 3, pour le *Times*; en 1850, il s'était élevé à 19 millions, et le *Times* entrait dans ce nombre pour près des deux tiers, pour 12 millions.

L'abolition complète du timbre en 1856 acheva de donner l'essor à la presse anglaise; de nouveaux journaux politiques furent créés en grand nombre, et plusieurs sont parvenus à se faire, comme je l'ai dit, une large place au soleil; mais la position du *Times* n'en a point été ébranlée; il est resté, et il restera probablement longtemps encore, à la tête de la presse périodique du monde.

Quelques chiffres achèveront de donner une idée du mouvement ascensionnel de la presse périodique en Angleterre depuis trente à quarante ans.

Le nombre des journaux, qui était de 267 en 1821, de 295 en 1831, de 472 en 1841, de 563 en 1851, s'était élevé en 1861 à 1102, et il était au commencement de 1866 de 1,257, dont 78 journaux quotidiens, et 537 magazines et revues trimestrielles, parmi lesquels 196 traitant de matières religieuses. Ces 1,257 publications périodiques se répartissaient ainsi entre la capitale et les différentes parties du Royaume-Uni : Londres, 226; provinces, 707; pays de Galles, 43; Écosse, 130; Irlande, 128; îles, 14.

Voici quel était en 1864 le tirage des

journaux de Londres et les différentes spécialités entre lesquelles ils se répartissaient :

Les journaux quotidiens tiraient par jour 248.000, soit par semaine (les journaux anglais ne paraissent pas le dimanche), 1,488.000, et par an.......	77,376,000
Les publications hebdomadaires tiraient par semaine 2,263,200, soit par an.....	117,686,400
Total.................	195,062,400

Il faut remarquer qu'il n'est question ici que des journaux quotidiens et des journaux hebdomadairès ; que les journaux mensuels ni les revues n'entrent point dans ce nombre, non plus que 400 journaux publiés dans les divers comtés de l'Angleterre et imprimés pour la plupart à Londres.

Les 2,263,200 numéros représentant le tirage des publications hebdomadaires se répartissait ainsi : journaux de nouvelles, 1,149,000 ; journaux illustrés, 510,400 ; sport, 252,500 ; horticulture et agriculture, 47,000 ; constructions, génie, chemins de fer, 44,000 ; littérature, sciences arts, etc., 40,750 ; médecine, chirurgie, 15,300 ; jurisprudence, 12,000 ; musique, 8,500 ; religion, 183,700.

Le plus ancien des journaux anglais existant aujourd'hui, après la *Gazette de Londres*, que nous savons née en 1665, est, suivant ce qu'a bien voulu me mander M. Rye, le *Stamford Mercury*, qui remonte à 1695. Le *Morning Chronicle* est de 1769 ; le *Morning Post*, de 1772 ; le *Morning Herald*, de 1780 ; le *Times*, de 1785. Le doyen des journaux écossais serait, d'après M. Cucheval-Clarigny, l'*Edinburgh Courant*, qui daterait de 1705 ; cependant j'ai lu quelque part l'assertion suivante, que l'on donnait comme extraite du *Standard*, 1862, à savoir que les trois gazettes officielles du Royaume-Uni dataient : celle de Londres de 1665, celle d'Edimbourg de 1690, et celle de Dublin de 1711 ; mais je ne sais quelle créance mérite ce renseignement.

Allemagne.

Nous avons vu que l'Allemagne était entrée une des premières dans les voies de la presse ; c'est aussi une des nations qui y ont fait les plus rapides progrès. De bonne heure la presse périodique prit chez nos voisins d'outre-Rhin un développement qui peut étonner tout d'abord dans un pays de censure, mais qui s'explique cependant par la prodigieuse activité de l'esprit, par les innombrables systèmes de philosophie, de religion, d'esthétique, qui éclosent là comme sur leur terre naturelle. Chaque idée, chaque semblant d'idée qui naît dans le cerveau vigoureux des Allemands, enfante tout aussitôt un journal, comme son écoulement nécessaire ; tout système, dans l'une quelconque des matières de l'intelligence, toute classe d'hommes, tout état, toute condition de la société, a pour représentant un journal, hebdomadaire ou mensuel, grand in-12 ou petit in-4°. Partout le goût des choses de l'esprit est alimenté par une incroyable variété de feuilles spéciales, littéraires, scientifiques, artistiques. On y trouve à foison les journaux de dogmes religieux, d'école, de théories scientifiques, de voyages, journaux de chasse, de métiers, de paysans (*Bauernzeitung*), puis des journaux de village (*Dorfzeitung*), qui se fabriquent, bien entendu, dans les villes.

Une autre raison encore que le penchant des Allemands à l'étude et à la réflexion a contribué à cette multiplication des journaux : c'est la division du pays entre tant de petits États, tant de villes capitales, qui toutes veulent avoir leur Moniteur, et tant d'universités, qui toutes veulent vulgariser leur méthode d'enseignement et faire briller la science de leurs professeurs.

Dans cette grande quantité de feuilles périodiques, celles qui occupent le plus de place et le rang le plus honorable sont sans contredit les recueils littéraires et scientifiques. Quant aux journaux politiques, je n'ai pas besoin de dire où ils en sont pour l'esprit d'indépendance et la liberté d'examen. C'est surtout dans les journaux littéraires, qui ont une grande portée et un juste ascendant, que se reflète l'Allemagne, avec son caractère profond et sérieux, ses études suivies et son talent d'observation.

Le plus ancien journal d'Allemagne est, comme nous l'avons dit, la *Gazette des postes* de Francfort, de 1616, qui parut d'abord une fois par semaine, quatre fois à la fin du dix-huitième siècle, dans le format in-4°, et qui aujourd'hui publie chaque jour, excepté le dimanche, où il n'en est fait qu'une, deux éditions gr. in-folio, une édition du matin et une du soir, cette dernière avec un feuilleton qui a formé jusqu'en 1864 une feuille à part, sous le titre de *Conversations Blatt*.

Après Francfort, c'est Fulda qui paraît avoir eu la première gazette. On sait d'une manière certaine que Hildesheim en eut une en 1619, et Herford en 1630. Il s'en établit ensuite successivement dans les différents centres, et dès le dix-septième siècle Nuremberg, Cologne, Augsbourg, Ratisbonne, Hanau, Hambourg, Brême, Gotha, Altembourg, Cobourg, Erfurth, Wittemberg, Leipzig, Berlin, Hall, Magdebourg, Stettin, Kœnigsberg, Clèves, Wesel, etc., avaient leurs gazettes. La bibliothèque royale de Bruxelles possède les années 1669-1672 d'une gazette latine imprimée à Cologne sous le titre de *Ordinariæ Relationes*. Toutes ces feuilles, sous les titres de Relation, Ristretto, Correspondant, Courrier, Chronik, Realzeitung, étaient munies d'un privilége et soumises à la censure.

Une fois l'impulsion donnée, les feuilles périodiques prirent une rapide extension. Cependant, dit M. Prutz, l'histoire des journaux ne reçoit une véritable signification que vers l'année 1775, au moment où éclata la révolution américaine, et où ce mouvement se communiqua également à l'Europe. Alors l'Allemagne sembla vouloir se réveiller et résoudre le redoutable problème de la publicité, qui devait former l'esprit public et développer la vie politique.

On se contenta, ajoute-t-il, de l'élan, mais on n'arriva pas au but. La presse allemande n'est guère plus libre aujourd'hui qu'elle n'était dans le siècle passé. Frédéric II, qui était un assez hardi novateur, voulut faire une expérience avec la presse. Il ordonna un jour à son ministre, le comte de Podewils, de laisser une indépendance et une liberté complète au rédacteur de je ne sais quelle gazette. L'Excellence fit de très-humbles représentations, alléguant surtout que les ministres étrangers pourraient trouver dans ce journal des passages peu agréables pour eux ou pour leurs maîtres. Le roi répondit qu'il s'en amuserait, et que, d'ailleurs, les journaux n'étaient intéressants qu'autant qu'ils n'étaient point gênés. Mais ce fut là une velléité passagère ; et pour être complétement édifié sur les opinions ultérieures de Frédéric et les procédés dont il usa plus tard envers la presse, il suffit de lire ce qu'il écrivit à D'Alembert vers la fin de sa carrière : « Comme on a abusé de la liberté, disait-il, les livres et les journaux doivent nécessairement être soumis à la censure ; car autrement on compromettrait la sécurité générale et le bonheur de la société. » Ces traditions se sont assez bien maintenues dans la grande famille germanique, et nous ne voyons même que très-peu de souverains qui aient eu, dans un moment de bonne humeur, la même tentation que Frédéric II.

En 1833, d'après un document publié par la poste de Berlin, on comptait en Allemagne 780 journaux. En 1846 ce nombre s'était élevé, pour les trente-neuf États composant la Confédération germanique, à 1836, dont 1,017 feuilles politiques et d'annonces, soit 1 journal pour 18,000 habitants. Ces 1,836 journaux se répartissaient ainsi

Prusse..........	405, soit	1 pour	34,000 âmes.
Bavière..........	96	—	37,000
Saxe............	94	—	13,300
Wurtemberg.....	48	—	33,000
Pays allemands de l'Autriche...	26	—	77,000
Hanovre........	24	—	54,550
Les 33 autres États........	1,144	—	8,650

En 1849 les journaux allemands autres que les recueils purement scientifiques et littéraires s'élevèrent au nombre de 1,551, ainsi répartis : Prusse, 622 ; Saxe, 183 ; Bavière, 127 ; Suisse allemande, 77 ; Autriche, 74 ; Wurtemberg, 67 ; Bade, 55 ; Hesse-Darmstadt, 34 ; Hanovre, 32 ; Hambourg, 24 ; Francfort, 17, etc. Au commencement de 1855 on en comptait une cinquantaine de plus, environ 1,600, auxquels s'ajoutaient 860 recueils scientifiques et littéraires ; les journaux bibliographiques entraient à eux seuls dans ce chiffre pour une quarantaine.

Prusse. — En 1827, 300 journaux, dont 32 politiques et 28 administratifs, 126 journaux hebdomadaires, 47 feuilles d'annonces, etc. — En 1852, 69 journaux timbrés à la poste à raison de 160,000 exemplaires ; en 1856, 256 journaux, dont 328,000 numéros timbrés à la poste. — A *Berlin*, il se publiait en 1830 67 journaux de toute nature ; en 1862 il y en avait 135, dont 6 paraissant deux fois par jour, 21 quotidiens, 3 tri-hebdomadaires, 2 bi-hebdomadaires, 58 hebdomadaires, 6 bi-mensuels, et 38 mensuels. Le plus répandu, la *Feuille du peuple*, tirait à 26,000.

Autriche. — En 1846 on comptait dans l'ensemble des États composant la monarchie, indépendamment de 18 feuilles d'annonces, 155 gazettes et journaux, dont 67 seulement étaient en allemand, et parmi lesquels 41 journaux politiques, qui tiraient la plus grande partie de leurs matières de la *Wiener Zeitung*, la gazette officielle, laquelle paraît depuis 1700. — En 1855, 305 journaux, dont 80 politiques. — En 1865, 382 journaux, dont 134 politiques, savoir : 80 en allemand, 16 en hongrois, 13 en italien, 6 tchèques, 4 polonais, 2 serbes, 2 croates, 2 ruthéniens, 2 roumains, 2 grecs, 2 hébreux, 1 français, 1 slave, 1 illyrien. — *Vienne.* En 1819, 25 journaux ; et

1855, 15 journaux politiques en allemand et 45 non politiques; en 1857, 12 journaux politiques, tirant ensemble environ 120,000 numéros, dans lesquels la *Feuille des nouvelles*, la plus répandue, entrait pour 28,000.

Le premier journal publié en *Hongrie* fut un journal latin, en 1721; c'est en 1781 seulement que fut publié le premier journal en langue magyare.

Saxe. — Nous avons vu que des États secondaires la Saxe est celui qui a, comparativement à la population, le plus de journaux. Elle en a eu jusqu'à 270 en 1849; elle en a encore aujourd'hui plus de 200, dont la moitié sont des feuilles politiques ou d'annonces, et une douzaine s'occupent spécialement de bibliographie et de librairie.

La *Bavière* avait en 1851 178 journaux, dont 58 politiques; en 1856 on en comptait 229, dont 62 ayant un caractère politique.

Le royaume de *Wurtemberg* en 1830 comptait 48 journaux seulement, dont 11 politiques, 25 d'annonces et 12 scientifiques et littéraires. En 1857 il s'y en publait 159, dont 32 politiques, 34 traitant du paupérisme, des bonnes œuvres et des sciences techniques, 22 religieux. Plus de la moitié de ces feuilles s'imprimaient à Stuttgard, où l'on comptait déjà 14 journaux en 1822.

En *Hanovre* il se publiait en 1854 89 journaux, dont 17 politiques.

Russie.

C'est à Pierre le Grand que la Russie doit son premier journal, comme tant d'autres choses. Par un ukase du 16 décembre 1702 l'illustre autocrate autorisa la publication d'une Gazette de Moscou, dont le premier numéro, croit-on, aurait paru ce jour-là même; toutefois les collections les plus complètes n'en possèdent aucun numéro antérieur au 2 janvier 1703. On n'en connaît, du reste, qu'une année, et encore n'existerait-il de cette année que deux exemplaires complets, conservés à la Bibliothèque impériale de Saint-Pétersbourg. Cependant un bibliophile russe très-distingué, M. Poltoraski, se vantait, dans le *Bulletin du bibliophile belge* de 1855, d'en posséder un exemplaire *unique;* ce qui reviendrait à dire plus complet que ceux de la Bibliothèque impériale. Quoi qu'il en soit, il n'est pas besoin de faire ressortir la valeur de ce premier monument de la presse périodique russe: il la tire non-seulement de son extrême rareté, mais encore de la collaboration de Pierre le Grand, qui paraît avoir attaché à ces premiers tâtonnements du journalisme une importance tout aussi grande qu'à la construction du premier navire de sa flotte; non content de prendre une part active à sa direction, il en aurait corrigé les épreuves, ainsi que cela résulterait de placards qui existeraient encore, et qui porteraient des signes et des corrections de sa main. La Bibliothèque impériale de Saint-Pétersbourg a fait faire, en 1855, de cette première gazette, composée de 52 numéros et formant un volume in-8° de 262 pages, une reproduction fac-simile, qu'elle a offerte à l'université de Moscou à l'occasion du jubilé séculaire de cet établissement, fondé par Elisabeth le 12/24 janvier 1755. Ce fac-simile reproduit l'original avec la plus grande fidélité; les caractères (ce sont encore les anciens caractères slaves, qui ont été remplacés en 1708 par l'alphabet actuel, dit bourgeois) avaient été fondus tout exprès à Moscou. De plus, le volume est précédé d'une histoire de la littérature périodique russe et d'un aperçu bibliographique sur les ouvrages qui en traitent.

La Gazette de Moscou actuelle, rédigée par l'université de cette ville, et l'une des plus répandues, ne date que de 1756 ou 1766; celle de Saint-Pétersbourg, dite aussi Gazette de la cour, et rédigée par l'Académie impériale des sciences, remonte à 1718.

Le 3e volume de l'*Essai de bibliographie russe* de Sopikof contient une liste de 130 recueils périodiques, mensuels, hebdomadaires ou autres; dont 5 seulement existaient encore au moment de la publication de ce volume, en 1814. Les plus anciens étaient: *Écrits mensuels, amusants et instructifs*, publiés à l'Académie des sciences de Pétersbourg par le professeur Miller, qui vécurent de 1755 à 1765 et forment 20 volumes in-8°; *l'Utile et l'Agréable* et *le Temps férié employé utilement,* créés tous les deux en 1759 et morts la même année. De 1760 à 1780 il en avait été fondé 26; de 1780 à 1800, 30; et de 1800 à 1814, 71. De ces 130 recueils, la plupart n'avaient eu qu'une existence éphémère, ce qui avait tenu moins au talent des rédacteurs qu'à l'ignorance général et à l'insouciance naturelle d'un peuple dont les progrès dans la civilisation sont encore si récents; 3 seulement étaient consacrés à la politique; 18 l'étaient à la littérature, 9 à l'éducation, 9 à l'agriculture et à l'économie rurale, les autres aux sciences, au théâtre, à la musique, aux modes, aux arts et métiers; enfin, il y avait 10 journaux satiriques, dont 1 de caricatures, et parmi les titres de ces petits journaux quelques-uns sont fort bizarres; c'est la *Poste infernale,* ou Correspondance d'un diable boiteux avec un borgne; la *Poste des Esprits;* le *Mercier du Parnasse;* le *Diseur de riens; Quelque chose;*

Et ceci et cela; Ni ceci ni cela; Toutes sortes de choses, avec bénéfice, etc.

En 1819 le nombre des écrits périodiques était d'environ 50, dont 10 publiés sous les auspices du gouvernement. Au premier rang figuraient le *Courrier de l'Europe*, journal littéraire et politique, fondé en 1802 par le célèbre Karamzin; et l'*Invalide russe*, fondé en 1814 ou 1815 par le conseiller Pessarovius, et dont le produit fut d'abord consacré aux militaires blessés dans la dernière guerre et aux veuves et orphelins de ceux qui avaient succombé. Cette œuvre patriotique, à laquelle les souscriptions et des dons particuliers affluèrent de tous les points de l'empire, eut un tel succès que son fondateur, après avoir distribué des sommes considérables aux invalides, put, au mois de décembre 1815, remettre à l'empereur un capital de plus de 400,000 francs. L'histoire de l'*Invalide russe*, qui existe encore, offre une autre particularité, qui mérite d'être notée : dans l'écriture russe, à toute syllabe terminée par une consonne s'ajoute un *e* muet, qui s'entend à peine dans l'écriture parlée; le propriétaire de l'*Invalide* s'avisa, en 1862, de supprimer cette voyelle superflue, et de cette suppression résulta pour lui une économie de 8,000 roubles par an, soit de 8 p. 100 de ses frais d'impression. Cet exemple fut aussitôt suivi par plusieurs journaux de province.

L'année 1831 vit faire en Russie, dans le domaine de la presse, un essai qui m'a paru mériter d'être signalé. On essaya d'y créer des *journaux des gouvernements*. Le but de ces publications était de faciliter les travaux des chancelleries, en abrégeant les correspondances, et de fournir en même temps aux tribunaux les moyens de se procurer les renseignements qui pouvaient leur être nécessaires. L'inspection de ces journaux était confiée aux gouverneurs civils. Les nouvelles politiques n'entraient point dans leur plan. Leur contenu était partagé en quatre sections, savoir : 1° les règlements, ordonnances, circulaires, et, en général, les actes de l'administration; 2° différentes annonces de la part des autorités, 3° les nouvelles qui pouvaient être d'une utilité quelconque pour le commerce, l'industrie, l'économie rurale; des notices sur les fabriques et manufactures de la couronne, les découvertes relatives aux arts et métiers, les établissements industriels, l'économie rurale, l'état des récoltes, les foires, la navigation et le commerce du gouvernement où se publiait le journal; le prix des denrées, les cours du change, les observations météréologiques; notices statistiques et historiques, construction de villes et d'édifices importants; découvertes d'antiquités et d'objets dignes d'attention; nombre des habitants, des naissances et des mariages; état comparatif des ensemencements et des récoltes : tout cela se rapportant au gouvernement dans lequel le journal se publiait, mais avec l'autorisation, néanmoins, d'insérer des articles relatifs aux gouvernements voisins, surtout s'il ne s'y publiait pas encore de journaux; 4° annonces et avis de la part des particuliers. La première et la seconde section devaient avoir, dans les gouvernements respectifs, un force officielle; les autorités et fonctionnaires que concerneraient les règlements, ordonnances ou annonces insérés dans ces journaux, étaient tenus de s'y conformer immédiatement, sans attendre des ordres spéciaux à ce sujet; et personne ne pouvait prétexter de son ignorance du contenu de ces feuilles.

Ces journaux devaient porter le nom et les armes des gouvernements où ils seraient publiés, et le prix d'abonnement était fixé à 10 roubles par an. La publication en fut provisoirement autorisée d'abord pour les gouvernements de Iaroslaf, de Nijni-Novgorod, de Kharkof, de Kazan, de Kief et d'Astrakhan; et si elle répondait à l'attente de l'administration, elle devait être peu à peu introduite dans les autres provinces de la Russie.

En 1855 la Russie, non compris la Finlande et la Pologne, avait 136 journaux. En 1850 on y en comptait 154, dont 64 à Pétersbourg, 13 à Moscou, 5 à Odessa, 22 dans les provinces de la Baltique, 50 dans le reste de l'empire. En 1858 ce nombre s'était élevé à 179, dont 82 à Pétersbourg et 15 à Moscou; 132 étaient rédigés en langue russe, 3 en russe et en allemand, 1 en russe et en polonais, 26 en allemand, 8 en français, 3 en anglais, 2 en prussien, 1 en polonais, 1 en lithuanien, et 1 en italien.

De tout temps il s'est publié en Russie des journaux français; nous citerons le *Caméléon littéraire*, en 1755 (voy. la Bibliographie, p. 47); l'*Agréable et l'Utile*, 1786, qui donnait à Voltaire le surnom de cuisinier littéraire; le *Journal de Saint-Pétersbourg*, politique et littéraire, faisant suite, depuis le mois de janvier 1825, au *Conservateur impartial* (*infra*, p. 328), publié depuis 1813 en continuation du *Journal du Nord*, lequel journal de Saint-Petersbourg était rédigé, s'il ne l'est encore, au ministère des affaires étrangères, et pouvait être considéré comme le Moniteur russe.

Jusqu'à ces dernières années les journaux et revues périodiques en Russie ne pouvaient paraître qu'avec l'autorisation du gouvernement, et étaient en outre soumis à l'examen préalable des censeurs. D'après une législation récente, les journaux peuvent opter entre deux régimes : celui de la censure et celui des avertissements. La plupart, par des raisons faciles à comprendre, préfèrent ce dernier régime; ils se trouvent alors dans la position des journaux français, avec cette différence, cependant, que, tandis que chez nous la suspension d'un journal est entièrement laissée à l'appréciation du ministre de l'intérieur, en Russie la suspension prononcée par ce fonctionnaire ne peut dépasser le terme de six mois; la suppression ne peut être ordonnée que par le sénat dirigeant, sur la proposition du ministre.

La *Finlande* en 1863 avait 32 journaux, dont 14 en suédois et 2 en finnois. La *Gazette d'Abo*, date de 1771.

La *Pologne* en 1821 avait 24 journaux, dont 12 à Varsovie; en 1830 elle en avait 49, ainsi répartis : Pologne indépendante (république de Cracovie), 5; Pologne russe, 2; royaume de Pologne, 37; Pologne prussienne, 1; Pologne autrichienne, 4.

Pays-Bas : Belgique, Hollande.

Nous avons vu que les Pays-Bas avaient été sinon le berceau, au moins un des berceaux de la presse périodique, et que, autant qu'on le pouvait conjecturer dans l'état actuel de la science, le premier journal était né à Anvers, en 1605.

En 1643 un libraire de cette même ville publiait parallèlement une gazette flamande et une gazette française, portant le même titre : *Den ordinarissen Postillion*, — *Le Postillon ordinaire*, — mais différant complétement par le texte.

Le plus ancien journal qui ait été publié ensuite en Belgique, et celui qui a fourni la plus longue carrière, semble être le *Courrier véritable des Pays-Bas*, connu longtemps sous le nom de *Relations véritables*, et qui parut à Bruxelles de 1649 à 1791. L'avertissement placé en tête de cette feuille par son éditeur ne laisse pas d'être curieux. Ce brave homme s'y félicite de pouvoir enfin « occuper sa presse en faveur de la vérité, « contre les mensonges que la malignité et « l'ignorance débitent tous les jours au public. Dans les relations de ce *Courrier*, « ajoute-t-il, vous ne trouverez rien de « contraire à la qualité qu'il se donne de « *véritable*. Les choses y seront récitées « brièvement et naïvement, sans affectation « ni déguisement; vous n'y rencontrerez « point des descriptions inutiles, ni ces dé« nombrements superflus qui ne servent « qu'à multiplier les feuillets; moins en« core ces exagérations des petites choses, « ni ce rabaissement des plus grandes, dont « on abuse les peuples par une complai« sance servile et une envieuse malignité. « En un mot, ce ne seront point des *ga« zettes, dont le nom et le procédé sont géné« ralement décriés.* » Et l'on n'était qu'en 1649 !

Gand avait une gazette dès 1667. En 1759, l'éditeur de ce journal, un certain Goesin, qui avait obtenu, dix ans auparavant, « la charge de gazettier de la ville de Gand, à l'exclusion de tous autres dans la province de Flandre », ayant sollicité la survivance de son privilége pour sa femme, cette demande fut l'objet d'un rapport dans lequel on lit que « les correspondances du suppliant pour former la Gazette consistaient dans deux mauvais manuscrits de Paris et de La Haye, et à copier les gazettes d'Amsterdam, de Cologne et de Francfort, lesquelles il translatait encore très-mal ».

On peut juger par là de l'état de la presse belge au siècle dernier. « Les feuilles politiques qui parurent dans notre pays avant le dix-neuvième siècle, dit M. Warzée, dans son *Essai historique et critique sur les journaux belges*, étaient, en général, de détestables publications, totalement dénuées d'intérêt national. La cause en est dans de mauvais gouvernements, qui avaient abâtardi la nation belge, détruit sa nationalité et enchaîné la presse. » Elle resta plus ou moins muselée sous la république et l'empire, et le gouvernement des Pays-Bas, tout en lui laissant un peu plus de latitude, maintint la nécessité de l'autorisation préalable. Enfin la constitution de 1830 l'affranchit de toute espèce d'entraves, et depuis lors elle a toujours été se développant.

En 1756 il y avait dans les neuf provinces actuelles de la Belgique 5 journaux, dont 2 flamands, et 1 revue; aucun de ces journaux n'était quotidien. Il y en avait 7 en 1789, 8 en 1801, 11 en 1813, 14 en 1815, 16 en 1822, 28 en 1830, 52 en 1837, 61 en 1842, 122 en 1847. — En 1828, les journaux et recueils périodiques de toute nature étaient au nombre de 63, dont 38 à Bruxelles. — Pendant le premier trimestre de 1837 la moyenne des feuilles qu'avaient fait timbrer les journaux politiques avait été de 22,000 par jour; dans le quatrième trimestre de 1847, cette moyenne s'éleva à 65,000. — L'expédition des journaux par le bureau de Bruxelles, qui était en 1846 d'un peu plus de 3 millions de feuilles, dépassa en 1850 7 millions. — En mars 1856 il y avait en Belgique 244 journaux et recueils périodiques, dont 46 en flamand ; à la fin de 1858 il y en avait 262. Le nombre des abonnés à ces 262 journaux était de 110 à 112,000. La suppression du timbre ne permet plus guère d'établir à cet égard de statistique exacte; cependant voici encore un renseignement qui donnera une idée de la quantité de publications périodiques de tout genre qui paraissent à Bruxelles : dans une seule journée de novembre 1865 on a perçu à la poste pour frais d'affranchissement une somme ronde de 1,500 fr., dont on appréciera la valeur quand on saura que la plupart des journaux, les sept huitièmes environ, ne payent qu'un centime par exemplaire.

La Belgique aujourd'hui est un des pays du monde qui impriment le plus de journaux eu égard à la population.

Parmi les journaux existants nous nous bornerons à nommer l'*Indépendance belge*, journal en quelque sorte international, qui a conquis dans la presse européenne, par l'abondance et l'excellence de ses informations, la place éminente que tout le monde sait.

En *Hollande* la presse arriva tout d'abord au but, sans lutte et sans effort : ce qui ne veut pas dire cependant qu'elle y jouît d'une liberté sans limites, comme on est assez généralement porté à le croire; mais, accueillie sans opposition par le gouvernement, qui trouvait en elle un utile auxiliaire dans ses luttes avec l'Europe, elle brilla dès sa naissance de son plus vif éclat, et de bonne heure, comme nous l'avons vu, les Hollandais étaient devenus les nouvellistes de l'Europe. Éminemment doués de l'esprit des affaires, ils avaient bien vite compris, en effet, quel excellent article d'exportation ce pouvait être que ces feuilles de nouvelles dont le public se montrait si avide, mais à la condition pourtant qu'elles seraient écrites dans une langue plus universellement entendue que le hollandais. Le français était alors l'idiome le plus policé de l'Europe et le plus répandu, même en Hollande ; la langue et la littérature françaises étaient familières aux classes élevées dans toutes les provinces de la république. Lors donc que les éditeurs hollandais songèrent à faire commerce de nouvelles, ils choisirent la langue française, comme celle qui leur promettait le plus de lecteurs ; ils trouvaient d'ailleurs parmi les nombreux refugiés français qui étaient venus chercher sur cette terre de liberté un abri contre les persécutions religieuses, des plumes toujours disposées, sinon toujours habiles. Quelques-uns firent aussi usage de l'allemand et de l'italien; mais les gazettes françaises ont toujours été de beaucoup les plus nombreuses, et aussi les plus courues. On en trouve à Amsterdam dès 1639, à Leyde en 1678, à Rotterdam en 1680, à La Haye en 1690, à Utrecht en 1710, et depuis lors, jusqu'au commencement de ce siècle, toutes ces villes n'ont cessé d'avoir une ou plusieurs gazettes françaises. Ces gazettes n'étaient point, comme on est assez porté à le croire, des pamphlets périodiques abandonnés à toutes les ardeurs des passions malsaines; c'étaient ce qu'ont été toujours et partout les gazettes, des feuilles de nouvelles, seulement avec un grain de sel de plus et une plus grande somme de liberté. Mais à côté des gazettes s'étaient placés, dès la fin du dix-septième siècle, de nombreux mercures, dont quelques-uns se montraient par moments, et suivant la main qui tenait la plume, très-osés, très-agressifs, et une petite presse très-batailleuse, très-bruyante, dont les produits étaient désignés sous le nom générique de *lardons*, feuilles satiriques, burlesques, en prose, en vers, hardies jusqu'à l'audace, jusqu'à la violence. Voyez au surplus ma Bibliographie, p. 83, et le volume que j'ai consacré à cette presse exotique des Pays-Bas : *les Gazettes de Hollande et la Presse clandestine au dix-huitième siècle*, 1865, in-8°.

Quant aux journaux hollandais, les plus anciens qui soient conservés à la Bibliothèque royale de La Haye datent de 1626 ; ce sont des feuilles de nouvelles sans intitulé quelconque.

Le plus âgé de ceux qui existent aujourd'hui est le Journal de Harlem, *Haarlemsche Courant*, dont nous avons déjà parlé, et qui remonte à 1656. C'est aussi le plus répandu; ce qu'il doit non-seulement à l'excellence de ses correspondances étrangères, mais encore et surtout à une curieuse spécialité. Deux ou trois de ses colonnes sont, comme les registres de l'état civil, employés chaque jour à enregistrer les morts et les naissances, les fiançailles et les mariages, avec la différence qu'ici l'annonce de tous ces événements de la vie humaine n'est point insérée sèchement, comme à la municipalité, mais combinée avec soin, arrangée avec grâce, et très-galamment entourée de fleurs de rhétorique. Moyennant six sous par ligne, tout bon bourgeois a le droit de chanter dans le Journal de Harlem l'aurore de son jour de mariage, d'annoncer en termes emphatiques la naissance de ses enfants, ou d'écrire une élégie sur la mort de sa femme; et chaque maison un peu aisée de la Hollande s'abonne à la feuille de Harlem pour savoir jour par jour l'événement qui attriste ou réjouit une autre demeure.

D'après une note fournie à la *Revue encyclopédique* par M. Sommerhausen, d'Amsterdam, il se publiait en Hollande en 1828 26 journaux politiques et 57 non politiques. Parmi ces derniers, j'ai remarqué, pour l'originalité de leur titre : *Amour et espoir,* journal pour les prisonniers des prisons; *l'Ami de la patrie,* journal consacré à la gloire et à la prospérité des Pays-Bas, publié par ordre de l'administration de la société de bienfaisance; *Cybèle,* journal consacré à la connaissance du pays et des nations; *Euphonie,* journal des classes civilisées; *Apollon,* qui s'adressait aux mêmes classes; *Pénélope,* journal consacré aux dames; *la Renommée aux ailes coupées,* journal de l'Université d'Utrecht; *Fruits littéraires,* cueillis de la part de la société pour l'utilité publique à Ecluse; *le Perroquet, l'Arche de Noé, le Rosier,* etc., etc.

En 1851 on ne comptait pas en Hollande moins de 125 recueils mensuels et de 14 hebdomadaires, dont une quarantaine consacrés aux matières théologiques, et plusieurs revues littéraires remarquables autant par l'élégance du style que par le choix des sujets. En 1858 le nombre total des journaux et recueils périodiques était de 210.

Les droits de poste pour les journaux sont fort minimes, 2 centimes par feuille; mais, en revanche, ceux de timbre sont considérables et emportent la moitié du prix de l'abonnement; une association vient de se former pour en obtenir l'abolition. Les annonces sont à un prix très-modéré; mais elles ont, ou du moins elles avaient il y a quelques années à supporter un droit assez lourd. Les journaux étrangers, dont la circulation, du reste, est entièrement libre, étaient également frappés d'un droit qui en doublait le prix.

Royaumes Scandinaves.

Je ne connais sur l'ensemble de la presse des royaumes du Nord qu'un article de M. Marmier inséré dans la *Revue des Deux-Mondes* en 1840, et dont j'ai extrait les quelques détails historiques qui suivent, détails qui, pour être quelque peu arriérés, ne manquent pas d'intérêt. Je les complète, du reste, autant qu'il est en moi, par les données statistiques que j'ai pu recueillir d'ici et de là.

Danemark. — Bien qu'on ne puisse dire que les rois de Danemark aient été aveuglés par l'absolutisme, et qu'ils aient usé assez débonnairement du pouvoir sans bornes dont ils étaient investis, la presse néanmoins, et la presse la moins agressive, leur a toujours causé une sorte d'effroi, qu'ils ne surent ni maîtriser, ni même dissimuler aux yeux de leurs sujets. En 1770 les journaux, comme les brochures et les écrits périodiques, étaient soumis à une censure sévère, et placés sous le joug du chef de la police, qui pouvait à son gré, sans discussion et sans procès, les saisir et les condamner à l'amende. En 1779 cette omnipotence de la police fut remplacée par des dispositions législatives qui empirèrent encore, si c'eût été possible, la position des journalistes. Une ordonnance de 1810 défendit de publier dans un journal des nouvelles politiques sans un privilége spécial du roi; une autre, de 1818, interdit aux feuilles périodiques toute attaque contre une puissance étrangère, et défendit jusqu'à la reproduction d'un article satirique écrit dans une autre langue et dans un autre pays. Par suite de ces ordonnances, on vit apparaître en Danemark deux classes de journaux : les uns obtinrent le privilége de publier les nouvelles étrangères en se soumettant à la censure; d'autres, ne pouvant obtenir ce privilége, ou ne voulant pas se courber sous le joug, se résignèrent à laisser de côté la politique étrangère. Un autre règlement entravait la circulation des journaux : ils ne pouvaient être expédiés par la poste aux lettres, qui partait tous les jours, mais seulement une fois par semaine, par le *pakkepost*, autrement dit le fourgon qui portait les marchandises et les bagages; et encore y avait-il des feuilles auxquelles on refusait ce modeste privilége de voyager par le fourgon, et qui ne pouvaient être expédiées que par des occasions particulières.

On comprend qu'ainsi entravée la presse n'ait progressé en Danemark que très-lentement; ce n'est guère que depuis 1830 qu'elle est sortie de sa léthargie et entrée franchement dans la voie du progrès.

Le premier journal qu'ait possédé le Danemark fut fondé en 1644, sous le titre de *Ordinarie Couranten;* mais on ne connaît cette feuille que par une plainte portée contre elle par l'université pour certains articles dont celle-ci se trouva offensée. On possède des exemplaires de deux autres journaux du dix-septième siècle, qui vécurent, l'un en 1656, l'autre, le *Mercure danois*, en vers, de 1656 à 1677.

Le plus ancien des journaux existant aujourd'hui est le *Berlingske Tidende*, qui date de 1749, et qui parut d'abord en allemand.

En 1823 le nombre des journaux et écrits périodiques était de 22; en 1828 il était de 80; en 1849, de 95, dont 36 politiques, non compris ceux du Schleswig-Holstein. Parmi les journaux de 1823, j'en remarque un dont le titre aurait fort mal sonné à Paris : *l'Ami de la police;* le rôle de cette feuille n'était pourtant pas sans une réelle utilité : elle dénonçait le trouble qui pouvait être apporté à la tranquillité publique, les embarras de la circulation, les accidents, la malpropreté des rues, etc., etc.

Le journalisme littéraire, très-insignifiant, a commencé avec les *Nova literaria maris Baltici* au dix-huitième siècle. Les sciences juridique, théologique, médicale, etc., sont représentées par des recueils spéciaux peu nombreux, mais estimés.

Suède. — La presse est libre en Suède et exempte de tout impôt; le droit de poste même y est presque insignifiant : 5 fr. par an pour une feuille quotidienne. Aussi les journaux sont-ils à très-bas prix : ceux de Stockholm, qui paraissent six fois par semaine, ne coûtent que 20 fr. par an; ceux des provinces, paraissant deux ou trois fois, 8 à 10 fr.; un même, celui de Hernœsand, le plus septentrional de tous, 4 fr. seulement. Les annonces ne se payent que 1 ou 2 sous la ligne : aussi envahissent-elles les colonnes des journaux au point de ne laisser qu'une place insuffisante aux questions politiques, littéraires et industrielles. Ajoutons que les journaux politiques n'ont point de feuilleton quotidien, et que la presse littéraire n'est pas plus florissante qu'en Danemark.

Du moins en était-il ainsi en 1840. Quiconque alors voulait publier un journal n'avait qu'une simple permission à demander au chancelier de la cour, qui avait la surveillance générale de la presse. Dans le cas de délit ordinaire, ce fonctionnaire pouvait faire saisir le journal et le supprimer; mais le propriétaire était quitte alors pour prendre un autre éditeur responsable et changer ou seulement modifier le titre de la feuille condamnée : ainsi l'*Aftonblad* après une première saisie, reparut sous le titre de : *Deuxième Aftonblad;* après une deuxième condamnation, ce fut le *Troisième Aftonblad*, et ainsi de suite; en 1840, on en était au dix-huitième. Dans le cas de délit plus grave, le journal était traduit devant un jury composé de neuf membres, et il fallait au moins les deux tiers des voix pour qu'il fût condamné.

J'ai déjà cité, parmi les journaux les plus anciens, la Gazette officielle de Suède, *Post-och Inrikes Tidning*, qui daterait de 1644. Le *Conversations-Lexikon* nomme aussi cette feuille comme l'organe du gouvernement, mais il n'en dit pas l'âge; le premier journal de Suède, d'après Brockaus, aurait été l'*Ordinarie post Tidende*, qui aurait vécu de 1643 à 1680; viendraient ensuite le *Swensk Mercurius*, 1675-1683; les *Relationes curiosæ*, 1682-1701, et quelques autres encore à la fin du dix-septième siècle. Stockholm aurait eu une *Gazette française* en 1742, et un *Mercure de Suède* en 1772. J'ai lu quelque part que la Gazette officielle était rédigée par le secrétaire perpétuel de l'Académie royale, dont le principal revenu consistait dans les bénéfices de cette publication.

Le nombre des journaux en Suède était : en 1801, de 25; en 1821, de 48; en 1829, de 62; en 1831, de 80; en 1841, de 112; en 1850, de 113; en 1858, de 101, dont 20 à Stockholm.

Le journalisme littéraire ne date que du dix-neuvième siècle.

Norvège. — La presse est également libre en Norvège et affranchie de timbre et de cautionnement. C'est le directeur de la poste qui fait lui-même, ou du moins qui faisait en 1840, les abonnements. On lui remettait les feuilles au sortir de la presse, sans enveloppe ni adresse, et il les expédiait ainsi à ses correspondants. Le port était basé sur le montant de l'abonnement : on payait 5 fr. pour 25 fr., un dixième en sus pour 50 fr., un quinzième en sus pour 75 fr., et ainsi de suite. La moitié de cette taxe appartenait au directeur de la poste, l'autre moitié entrait dans la caisse de l'État.

On ne voit pas de journaux en Norvège avant la dernière moitié du dix-huitième siècle : Christiania n'en eut un qu'en 1763, Bergen en 1765, et Drontheim en 1767; et la presse y est demeurée sans signification politique jusqu'en 1833, époque où commença la lutte entre le parti des fonctionnaires et celui des paysans.

En 1840, 24 journaux politiques, et 8 recueils périodiques consacrés à la médecine, à la jurisprudence, à l'agriculture, etc.

Espagne, Portugal.

L'Espagne est un des pays où la presse demeura le plus longtemps arriérée. Avant la révolution de 1820 il n'y avait à Madrid qu'une gazette officielle, très-peu véridique, qui datait du milieu du dix-huitième siècle, et quelques autres feuilles consacrées à l'annonce des fêtes ecclésiastiques, des neuvaines, etc., ou donnant le cours des denrées, le bulletin des ventes. Le mouvement libéral de 1820 imprima l'essor à la liberté de penser et d'écrire. Dès cette année-là on compte 25 journaux. Dans le nombre, on remarque, outre un *Soleil*, des *Lettres du petit pauvre fainéant*, pleines d'une piquante ironie, et dirigées contre les erreurs et les préjugés vulgaires; le *Compère du fainéant*, même esprit; la *Périodico-Manie*, qui déclamait contre la foule des feuilles enfantées par la liberté de la presse; la *Contra-Periodico-Manie*, qui pensait forcer son adversaire à plus de circonspection et de réserve; enfin, — et c'était à une spécialité qui ne pouvait manquer à l'Espagne, — un *Journal des combats de taureaux*, dont on attribuait l'idée à l'infant don Carlos. Bientôt apparaît un *Censeur*, qui ose le premier combattre les idées exagérées et signaler le danger des clubs : aussi un de ces clubs fait un auto-da-fé du premier numéro de cet insolent papier, et se porte contre l'imprimeur à de honteux excès.

En 1822 le nombre des feuilles politiques s'était élevé jusqu'à 64; mais elles disparurent presque toutes en 1823, et la presse retomba dans une profonde léthargie. Elle en fut tirée par les événements de 1832; l'établissement du gouvernement représentatif lui assura une liberté qui la prit, en quelque sorte, au dépourvu : elle fut obligée de faire venir de l'étranger caractères, presses, papier, tout un matériel. Depuis lors elle n'a cessé de grandir, au milieu des troubles qui tourmentent le pays, et dans la seule capitale de cette Espagne où personne ne lisait il y a trente à quarante ans, on ne comptait pas moins en 1852 de 125 journaux et écrits périodiques, dont la plupart recherchés et jouissant d'un certain crédit.

Parmi les journaux qui florissaient à Madrid en 1841, nous citerons le *Gobierno representativo del bello sexo*, journal de l'émancipation des femmes. La feuille qui avait alors le plus d'abonnés était *el Catholico*, qui en comptait 14,000.

En 1843, lorsque la nation se souleva contre Espartero, les feuilles politiques avaient à Madrid seulement 65,000 abonnés, et la presse littéraire était presque morte; mais quand, en 1844, ce pays rentra dans le repos, le nombre des souscripteurs aux journaux politiques descendit à 22,000, et la presse littéraire et scientifique se releva.

En 1848 Madrid avait 54 journaux; Barcelone en avait 37; à la fin de 1854 il se publiait dans la capitale 30 journaux politiques de tous les partis.

Les journaux espagnols, remarquables par leur exécution matérielle, n'ont point, à proprement parler, d'abonnés; on les vend et on les colporte comme en Angleterre.

Portugal. — L'histoire du journalisme portugais ressemble à celle du journalisme espagnol. Complétement nul jusqu'en 1820, il prit alors un faible essor, qui tomba en 1823. J'ignore quelles furent ses destinées durant les luttes intestines qui se sont succédé depuis lors; je vois seulement que Lisbonne, qui avait 9 journaux politiques en 1823, n'en avait plus que 6 en 1852, et qu'à cette dernière époque Oporto en comptait 5.

Presse littéraire et scientifique insignifiante.

Suisse.

Le journalisme suisse est tout moderne, et je n'ai pas trouvé trace, dans les bibliothèques publiques, de gazettes antérieures à ce siècle; on se contentait de contrefaire celles de Hollande, auxquelles on ajoutait un « choix de nouvelles les plus fraîches et les plus importantes ». J'ai trouvé de nombreux volumes de ces contrefaçons à Genève, à Lausanne, à Berne; j'en ai même vu qui portaient au dos ce titre fallacieux : *Gazette de Berne*. Après cela je ne puis citer que deux recueils politiques et littéraires, deux revues : le *Mercure suisse*, ou Recueil de nouvelles historiques, politiques, littéraires et curieuses, qui s'appela successivement *Nouvelliste suisse* et *Journal helvétique*, et vécut de 1732 à 1782; et un *Nouveau Journal de littérature et de politique de l'Europe, et surtout de la Suisse*, 1784; ces deux publications sorties l'une et l'autre des presses de Neuchâtel. Mais depuis vingt ou trente ans on a amplement rattrapé le temps perdu, et la presse a pris dans ce petit coin de terre un développement qu'expliquent suffisamment ses institutions libérales, qui ne l'ont pourtant pas été toujours, à l'égard des journaux, autant qu'on pourrait être porté à le croire. J'ai trouvé sur ce sujet, dans la *Revue encyclopédique*, une lettre de Lausanne, du 1er décembre 1827, fort instructive, et qui m'a semblé bonne à reproduire : « Sur la demande des grandes puissances, y est-il dit, la diète a dû renouveler annuellement le décret qui soumet la presse à la censure. Il y a des cantons où cette mesure serait rendue éternelle, si l'on n'écoutait que les gouvernements, et nous serions peut-être du nombre, car le démon du pouvoir habite aussi la maison du cultivateur. Depuis 1832 nous avions une mauvaise loi sur la presse, qui cependant n'a pas suffi; il a fallu accorder au gouvernement des pouvoirs extraordinaires, qui se renouvellent chaque année, et nous avons été heureux de nous réserver le droit de publier, sans que la censure puisse l'empêcher, tout ce qui tient à nos affaires intérieures, législatives, administratives et judiciaires. Pour tout le reste, nous subissons le joug de la censure; ce qui nous empêche de toucher librement à ce qui se passe dans les autres cantons. Vous comprenez, Monsieur, comment on ne peut vous tenir au courant de ce qui se fait dans notre petite Suisse, où depuis plusieurs siècles on est habitué à regarder les affaires publiques comme l'arche du Seigneur... Le canton du Tessin, menacé par le gouvernement lombard, va probablement profiter de l'occasion pour entraver par une loi la liberté de la presse... On serait mal venu à médire des jésuites dans le canton de Fribourg, sorte d'Espagne helvétique, dans le Valais, et même dans les petits cantons. »

Je n'ai pas besoin de dire que les choses ont bien changé depuis 1827.

Au commencement de 1851 on ne comptait pas moins, en Suisse, de 204 feuilles politiques, littéraires, religieuses, techniques, etc., dont 152 en allemand, 46 en français, 5 en italien et 1 en romandois. Ces 204 journaux se répartissaient ainsi entre les divers cantons : Berne, 40 ; Zurich, 23 ; Bâle, 16; Saint-Gall, 15 ; Vaud, 14 ; les Grisons, 11 ; Argovie, 11 ; Schaffouse, 10 ; Genève, 9 ; Neuchâtel, 9 ; Soleure, 8 ; Lucerne, 7 ; Thurgovie, 6 ; Tessin, 5 ; Bâle campagne, 5 ; Fribourg, 4 ; Schwitz, 3 ; Zug, Valais, Appenzel et Glaris, chacun 2 ; Unterwalden, 1.

En 1857 le nombre des journaux s'était élevé à 238, paraissant : 12 sept fois par semaine, 29 six fois, 2 quatre fois, 20 trois fois, 40 deux fois, 81 une fois; 13 paraissaient deux fois par mois, et 35 une fois seulement.

Il circule en outre en Suisse un grand nombre de journaux étrangers ; en 1857 il y était entré : journaux français, 730,000 numéros ; belges, 100,000 ; anglais, 40,000 ; espagnols, 2,300; autres journaux arrivés par la France, 25,000 ; de la Sardaigne, 30,000.

Dans le courant de l'année 1856 la poste avait transporté 15,467,790 exemplaires de journaux.

En 1862, le nombre de journaux était monté à 300, dont 78 en français. C'est Zurich qui avait le plus gagné : il en avait 56. Berne en possédait 43 ; Vaud, 24 ; Genève, 22 ; Saint-Gall, 21 ; Argovie, 20 ; Bâle ville, 18 ; Neuchâtel, 17, etc. — Au commencement de 1861, 38 des journaux existants avaient sombré ; mais ils avaient été remplacés par 56 nouveaux. — De 1853 à 1859, le tirage annuel des journaux s'était élevé de 9 millions de numéros à plus de 16.

Le *Journal de Genève*, auquel j'emprunte ces derniers chiffres, ajoute : « En France le nombre des journaux n'est que de 1,343 (en 1862), soit 1 journal pour 26,643 habitants : en Suisse il y en a 1 pour 7,976. La différence paraîtra plus frappante encore si l'on songe qu'en Suisse les journaux sont répandus et s'impriment sur toute la surface du pays, tandis qu'en France tout est concentré dans les villes ; c'est ainsi que Paris, qui en 1856 avait une population de 4.8 pour 100 de la population totale, imprimait 47.7 pour 100 de la totalité des journaux publiés en France. »

Italie.

L'Italie est un des pays où la presse littéraire et scientifique s'implanta de meilleure heure et où elle jeta le plus vif éclat. Les érudits n'ont point oublié les journaux d'Apollo Zeno, de Scipione Maffei, de J. Lami, du P. Zaccaria, de Fabroni, les *Frusta litteraria* de Baretti, à Venise ; à Milan, le *Café*, du marquis de Beccaria, où étaient traitées les plus hautes questions de philosophie, d'économie politique et de législation ; à Rome, les *Ephémérides littéraires*, l'*Anthologie*, etc., etc.

Mais, par des raisons qu'il est inutile de dire, il fut loin d'en être ainsi pour la presse politique, restée complétement nulle jusqu'à la fin du dix-huitième siècle. Lorsque nos armées eurent porté en Italie la liberté et la révolution, il s'y fit une explosion de journaux analogue à celle qui avait eu lieu en France. Nous citerons : à Milan, le *Courrier de l'armée d'Italie* et *la France vue de l'armée d'Italie*, deux publications, toutes deux de l'an V, très-curieuses, comme on le pourra voir en se reportant à ma Bibliographie ; le *Journal italien*, journal officiel du gouvernement d'Eugène Beauharnais, remplacé en 1814 par la *Gazette pri-*

vilégiée de Milan. Naples eut en 1789 son *Moniteur républicain,* dont le rédacteur en chef était une noble femme, Éléonore Pimenfel, qui paya plus tard par l'échafaud son dévouement à la cause démocratique.

En 1814 toute la presse politique fut réduite au silence ; la discussion littéraire et scientifique demeura seule permise à l'activité surexcitée des Italiens, qui s'y porta avec énergie.

La révolution de 1830 ranima la presse politique ; mais ce fut seulement pour quelques jours. L'avénement de Pie IX produisit un mouvement semblable à Rome, où la presse prit tout à coup un développement extraordinaire ; on vit jusqu'à 31 journaux s'y livrer, dans une demi-liberté, à des discussions de tous genres : spectacle nouveau pour la ville des Césars et des papes.

En 1836 il y avait dans toute l'Italie, non compris les organes officiels des nombreuses principautés qui se partageaient la péninsule, 170 journaux, dont 24 à Naples, 17 à Milan, 9 à Rome, 8 à Turin, 7 à Palerme, 7 à Florence, etc. En 1845 ce nombre s'était élevé à 205. En 1856 le nombre des journaux italiens était de 311, savoir : dans tout l'empire d'Autriche, 85, dont 40 à Milan seulement ; États sardes, 87, dont 42 à Turin ; Parme et Modène, 5 ; Toscane, 35, dont 26 à Florence ; États pontificaux, 30, dont 12 à Rome et 11 à Bologne ; Deux-Siciles, 56, dont 48 à Naples ; dans les autres États, 15.

La nouvelle ère qui s'est levée pour l'Italie a dû imprimer à la presse périodique un nouvel et grand essor, et influer à la fois sur le nombre de ses organes et sur son caractère ; mais, comme je l'ai dit, je n'ai pu obtenir aucun renseignement sur l'état du journalisme dans l'Italie une.

Turquie.

L'histoire de la presse turque n'est ni vieille ni longue. Les seuls détails, à peu près, que je puisse donner sur son compte sont extraits des *Lettres sur la Turquie* de M. Ubicini, publiées en 1853.

Le créateur du journalisme en Turquie fut un Français, M. Alexandre Blacque, qui vint, au commencement de 1825, à Smyrne, où il fonda le *Spectateur de l'Orient.* Toutefois l'idée n'était pas entièrement nouvelle. Verninhac, envoyé extraordinaire de la république française près de Sélim III, en 1795, fit paraître pendant quelque temps une gazette en langue française, qui était imprimée par ses soins au palais de France, à Péra ; mais cette publication n'eut pas de suite. Vers 1811, pendant la campagne de Russie, l'on imprimait et l'on distribuait également au palais de France des extraits des bulletins de la grande armée à l'arrivée de chaque courrier. Le *Spectateur de l'Orient,* qui ne tarda pas à prendre le nom de *Courrier de Smyrne,* fut donc la première feuille périodique et politique qui parut en Turquie, et il exerça, sous ce nouveau titre, une influence marquée sur les événements qui signalèrent la fin de l'insurrection grecque, de 1825 à 1828. Alors que toute la presse en Europe, comme prise d'un accès de vertige irrésistible, applaudissait avec fureur à la récente déclaration de l'indépendance, et appelait de tous côtés à la croisade contre les Turcs, le *Courrier de Smyrne* seul défendit constamment les droits et les intérêts de la Porte.

En 1831, M. Blacque, appelé à Constantinople par le sultan Mahmoud, y fonda le *Moniteur ottoman,* journal officiel de la Sublime Porte, en langue française, qu'il rédigea jusqu'à sa mort, arrivée en 1836, et qui ne lui survécut que quelques années.

M. Blacque, en quittant le *Courrier de Smyrne,* l'avait cédé à M. Bousquet-Deschamps, qui en changea de nouveau le nom en celui de *Journal de smyrne.* La ville de Smyrne, qui avait été la première à posséder un journal, ne tarda pas à en avoir successivement deux, puis trois, enfin jusqu'à cinq.

Le second fut l'*Écho de l'Orient,* également en français, créé en 1838 par M. Bargigli, consul général de Toscane, et qui passa plus tard entre les mains de M. Couturier, négociant français.

A quelque temps de là, M. Edwards, ancien collaborateur de M. Deschamps, créa une troisième feuille, sous le titre de l'*Impartial de Smyrne,* publiée d'abord en anglais, puis en français.

L'*Impartial* est le seul de ces trois journaux en langue française qui se soit maintenu à Smyrne. Le *Journal de Smyrne* et l'*Écho d'Orient* ont été transférés successivement à Constantinople, où ils se sont réunis et n'ont plus formé qu'une seule feuille, paraissant tous les cinq jours, sous le titre de *Journal de Constantinople, écho de l'Orient* (1846). En revanche quatre feuilles nouvelles ne tardèrent pas à s'établir à Smyrne.

De même à Constantinople, le nombre des journaux s'accrut progressivement à mesure que de nouvelles idées, de nouveaux intérêts se faisaient jour dans le pays. Le gouvernement se montra constamment disposé à favoriser ce mouvement des esprits, si bien qu'en 1852 Constantinople ne comptait pas moins de treize journaux ou feuilles périodiques, dont quatre en français : le *Journal de Constantinople, écho de l'Orient* ; le *Courrier de Constantinople* ; le *Commerce de Constantinople* ; la *Gazette médicale*. En 1856 il y avait à Constantinople 12 journaux et 4 revues, les uns et les autres plus ou moins politiques et littéraires, parmi lesquels un nouveau journal français, la *Presse d'Orient*.

Plusieurs autres journaux se publient encore, soit en français, soit dans la langue du pays, à Belgrade, à Beyrout, à Alexandrie, etc.

Enfin la presse périodique a pris en Orient depuis quelques années un développement qui tend toujours à s'accroître. La vente des journaux au numéro, qui dans ces derniers temps s'est si extraordinairement développée dans la plupart des grandes villes, s'exerce même à Constantinople, où elle a été importée par un Anglais. Les Turcs lisent peu de livres, bien qu'ils aient une des langues les plus raffinées du monde, mais ils lisent avidement les journaux.

Nous ne prenons pas d'une manière absolue le nombre des journaux comme un signe de la prospérité, des progrès et des lumières dans un pays : les passions politiques à de certaines époques de l'histoire moderne ont enfanté plus de journaux que la science et le pur amour du bien public ; mais on ne peut cependant méconnaître dans ce tableau de la presse périodique de Constantinople le symptôme d'une nouvelle ère intellectuelle, qui tend à changer singulièrement les mœurs et les institutions politiques de cette nation des Osmanlis, si puissante autrefois par son mutisme.

Grèce. — La presse ne date en Grèce que de 1824-1825 ; mais elle y a pris, au milieu des troubles qui n'ont cessé d'agiter ce jeune État, un développement rapide et une grande influence. En 1855 on comptait à Athènes seulement 24 journaux et revues, parmi lesquels le *Spectateur de l'Orient*, en français.

Principautés-Unies Roumaines.

On ne lira pas sans intérêt quelques détails sur la situation de la presse chez cette nation roumaine, si jeune encore, mais qui s'est si vivement emparée depuis quelques années de l'attention publique. Je les dois à l'obligeante amitié d'un journaliste homme d'État qui a joué dans la presse et dans les affaires des Principautés un rôle des plus influents.

Le journalisme ne date guère dans les Principautés que de l'année 1835. Le premier journal digne de ce nom fut fondé, cette année-là, sous le titre de *Curierul romanescu*, Courrier roumain, par le célèbre littérateur et poëte Jean Héliade, qui, quelques années après, publia encore une feuille purement littéraire et scientifique, le *Curierul de ambe sexe*, le Courrier des deux sexes. Vers le même temps paraissait à Jassy l'*Albina romanesca*, l'Abeille roumaine, rédigée par un homme très-instruit, M. J. Assaki. On cite encore parmi ces premiers nés de la presse roumaine : *Vestitorul romanescu*, le Nouvelliste roumain, 1840, qui devint l'organe officiel du gouvernement, après en avoir été d'abord l'organe simplement officieux ; le *Propasirea*, le Progrès, 1844, l'*Universul*, l'Univers, 1846, par le savant Génilius.

Toutes ces feuilles ne rencontrèrent d'abord, dans ce pays, encore mal préparé, que de faibles échos ; mais avec l'année 1848 commence pour le journalisme roumain une nouvelle ère. La vie publique s'est réveillée, les affaires politiques sont devenues la préoccupation générale : le nombre des journaux s'augmente avec le nombre des lecteurs. Les principaux journaux de cette période sont : *Pruncul roman*, l'Enfant roumain, rédigé en chef par M. C. A. Rosetti ; *Poporul suveran*, le Peuple souverain ; *Tzintzarul*, le Cousin, journal humoristique ; *Steoa Dunarei*, l'Étoile du Danube, qui, après avoir brillé quelque temps en Moldavie, émigra en Belgique, où elle se continua en français ; *Concordia*, 1856, rédigée par un jurisconsulte distingué, M. C. Bosiano.

A partir de 1857, et surtout après l'institution du régime libéral dans les principautés par la convention de Paris de 1858, la presse prend un nouvel essor ; elle commence à exercer sur l'opinion publique une action sensible, et elle rend au pays des services signalés. A la tête du mouvement se placent le *Romanul*, fondé par M. C. A Rosetti, journaliste aussi habile qu'écrivain distingué ; le *Nationalul*, par M. B. Boeresco, le promoteur de l'union des Principautés et depuis ministre de la justice, président du conseil d'État, délégué dans ce moment par le gouvernement provisoire auprès de la conférence de Paris : ces deux journaux, représentant, le premier l'élément ultra-libéral, le second l'élément libéral, ont eu la plus grande influence sur les événements qui ont signalé, en Roumanie, les années 1857 et 1859.

On peut encore mentionner parmi les journaux de cette troisième période : *Tempul*, le Temps, 1857 ; la *Voix de la Roumanie*, journal politique français, rédigé par M. Ulysse de Marseillac ; *Conservatorul progressist*, le Conservateur progressiste, 1860, par un comité représentant l'ancien parti, dit conservateur ; *Tribuna ; Fiitorul*, l'Avenir ; *Dimbrovitza*, ainsi nommé de la rivière qui traverse Bucharest ; *Trompeta ; Cugetarea*, la Pensée ; *Independintia, Actualitatea, Sentinela, Desbaterile*, les Débats ; *Monitorul ruman*, l'organe officiel du gouvernement, qui avait, comme en France, une annexe, un Moniteur des communes, pour les communes rurales ; *Progresul*, le Progrès, feuille d'annonces légales, etc., etc.

La Roumanie a eu aussi et a encore ses petits journaux humoristiques et satiriques, et des journaux littéraires et scientifiques, parmi lesquels nous nommerons : *Revista Carpatilor*, la Revue des Carpates ; *Revista romana*, par une société de jeunes gens ; *Revista judiciara ; Archiva romana*, recueil de documents relatifs à l'histoire roumaine, ainsi que le suivant : *Tesaurul monumenteloru istorice*, le Trésor des monuments historiques ; *Revista agricola*, par une société de jeunes agronomes, etc.

On peut, par cette esquisse, se faire une idée du mouvement des esprits en Roumanie. Cependant il n'existe pas aujourd'hui, dans les deux principautés, plus d'une douzaine de journaux, dont deux seulement quotidiens, le *Monitorul* et le *Romanul* ; et encore la publicité de ces feuilles est-elle très-restreinte ; les plus répandues ne dépassent pas 1,000 à 1,500 abonnés. Cela tient à l'insuffisance d'instruction dans les masses, et plus encore peut-être à la manière dont se fait le service de la poste, si mal organisé qu'un journal ne parvient que très-difficilement dans les villages, et qu'il n'arrive dans les villes que plusieurs jours après sa publication, c'est-à-dire quand souvent il a perdu tout intérêt d'actualité.

L'abonnement aux journaux quotidiens coûte en moyenne 60 fr. par an ; aux autres journaux, de 25 à 30 francs.

Depuis la chute du prince Couza la presse est entièrement libre ; auparavant elle était soumise à peu près au même régime qu'en France.

AMÉRIQUE.

États-Unis.

Les rapprochements que nous avons été plusieurs fois amené à faire entre les journaux anglais et les journaux américains nous ont donné un avant-goût de la presse du Nouveau Monde, et nous savons déjà quel énorme développement elle a pris.

La presse aux États-Unis n'eut point à lutter contre les obstacles qui partout ailleurs entravèrent sa marche ; les seules difficultés qu'elle eut à surmonter, à son origine, furent les difficultés matérielles inhérentes à un pays nouveau, où tout était à créer, où manquaient les moyens d'exécution aussi bien que les moyens de transport. « Grâces en soient rendues à Dieu, écrivait en 1671 le gouverneur du premier établissement anglais dans la Virginie, nous n'avons ici ni école gratuite ni imprimerie, et j'espère que nous n'en aurons point d'ici cent ans, car l'instruction a mis au monde l'indocilité, les hérésies et les sectes, et l'imprimerie a propagé, avec tous ces maux, les attaques contre les gouvernements. » Le vœu de cet ami des lumières faillit être exaucé ; soixante ans s'écoulèrent encore avant que la Virginie, la plus peuplée des colonies, eût une seule imprimerie, et les autres *plantations*, comme on disait, n'en eurent guère que vers le milieu du dix-huitième siècle.

C'est à Boston que naquit, en 1704, le premier journal américain, *Boston News-Letter*, dont le fondateur, un certain John Campbell, directeur des postes, s'était « imposé, pour le bien public, la charge et la dépense d'imprimer chaque semaine une lettre de nouvelles contenant les événements du dehors et de l'intérieur, et la publia à un prix plus modéré qu'on ne le faisait dans une partie de l'Angleterre, quoique ses frais fussent quatre fois plus considérables. » Les plaintes réitérées de Campbell montrent que son entreprise n'était pas des plus lucrative ; et l'on en a une preuve singulière dans les perpétuelles variations du format de cette première gazette, dont la collection existe encore : il passe continuellement de l'in-folio à l'in-quarto, et même à l'in-octavo. L'éditeur en donne ingénument la raison dans son numéro 577, en date du 2 mai 1715 : « Si, dit-il, l'entrepreneur recevait un encouragement convenable, soit sous la forme d'un traitement, soit par un nombre suffisant de souscripteurs qui s'engageraient pour l'année entière, il donnerait une feuille par semaine pour répandre les nouvelles; mais, faute de l'un ou de l'autre de ces encouragements, il est réduit à faire de son mieux. »

Le *Boston News-Letter* demeura près de seize ans le seul journal américain; ce n'est qu'en 1719 qu'un second fut créé à Philadelphie. Quelques autres suivirent bientôt.

Ces premières feuilles se bornaient à publier, sans aucun commentaire, les actes de l'autorité, les faits locaux, les arrivages et le prix des denrées. Le premier journal vraiment digne de ce nom fut le *Courrier de la Nouvelle-Angleterre,* qui commença à paraître le 17 juillet 1721. C'était une création d'un imprimeur de Boston, James Franklin, l'aîné du célèbre Benjamin, qui était alors apprenti chez son frère, et devint bientôt un des principaux rédacteurs du nouveau journal. Huit ans après, Benjamin fondait à Philadelphie la *Gazette de Pennsylvanie,* qui fut entre ses mains un puissant instrument de progrès, une tribune au service de toute amélioration, de toute pensée utile, où Franklin, en un mot, déploya cet esprit à la fois inventif et pratique, ces rares qualités qui devaient faire de lui le représentant glorieux et l'un des législateurs de son pays.

En 1740 il existait déjà en Amérique 14 journaux, dont 5 dans la seule ville de Boston et 2 à New-York; un premier journal allemand avait été fondé l'année précédente à Germantown en Pennsylvanie. Les années suivantes virent les feuilles politiques se multiplier rapidement, et bientôt non-seulement chaque colonie, mais chaque ville un peu importante, eut la sienne. En 1771 on en comptait 25; en 1775, 37, dont une seulement paraissant trois fois par semaine, les autres hebdomadaires.

La lutte de l'indépendance porta la presse américaine à son apogée, et l'importance qu'elle acquit alors ne tint pas seulement à la grandeur des événements, mais encore au concours des hommes éminents qui accoururent sous ses bannières. La querelle entre les colonies anglaises et la métropole s'était débattue dans les journaux avant de se vider sur les champs de bataille, et tous ceux que le rang, la fortune, le savoir, investissaient de quelque autorité, tous ceux qui pouvaient tenir une plume, voulurent prendre part à ce débat; et l'on pourrait dire qu'en aucune autre occasion il n'a été donné à la presse périodique de jouer un rôle plus considérable et d'exercer sur les événements une influence plus décisive.

Cet éclat, malheureusement, ne dura pas plus longtemps que la lutte. Après le triomphe, la jeune république prit pour son gouvernement tous ces hommes d'élite auxquels elle était redevable en si grande partie de son indépendance, et les journaux tombèrent des mains des chefs de la révolution dans celles d'obscurs satellites ou de purs spéculateurs; les luttes des partis, les rivalités de personnes remplacèrent les questions d'intérêt national; le raisonnement finit bientôt par disparaître sous des flots d'injures, et le ton des journaux américains descendit au-dessous de tout ce qu'il est possible d'imaginer. Hâtons-nous de dire qu'ils ne sont plus aujourd'hui ce qu'ils étaient il y a quarante ans, et que la presse américaine s'est en général sensiblement améliorée, qu'elle compte des organes sérieux, faits, sinon avec un grand talent, du moins avec honnêteté. Cependant les journaux américains sont loin d'avoir, soit comme organes politiques, soit comme entreprises commerciales, l'importance des grands journaux de Londres ou de Paris. Cela tient surtout aux conditions toutes spéciales dans lesquelles la presse américaine se trouve placée, à la constitution politique du pays, divisé en petits États dont chacun a sa métropole particulière et son foyer d'action; à une concurrence sans frein, qui n'est entravée par aucune loi politique ni fiscale, etc.

En revanche la presse américaine a pris un développement matériel dont on a déjà pu se faire une idée, et que quelques chiffres achèveront de démontrer. Nous avons dit qu'en 1775 il y avait aux États-Unis 37 journaux, tous hebdomadaires, à l'exception de l'*Advertiser* de Philadelphie, paraissant trois fois par semaine parce qu'il se publiait dans la ville où siégeait le congrès; vingt-cinq ans plus tard, en 1800, on en comptait 200, dont 17 quotidiens; en 1810, 359; en 1823, 600; en 1828, 852; en 1840, 1631; en 1850, 2,800; au commencement de 1855, plus de 3,000; en 1858, d'après la *Gazette de Boston* du 10 janvier, 3,754, ainsi répartis : État de New-York, 613; Pennsylvanie, 418; Ohio, 393; Illinois, 221; Massachusetts, 225, etc.

Quant à la publicité de cette masse de journaux, on estime qu'au commencement du siècle les journaux américains distribuaient 13 millions de feuilles; ils en distribuaient 22 millions 200 mille en 1810, en 1830, 65 millions; et en 1850 près de 423 millions, fournis, comme nous le savons, par 2,800 feuilles, dont 350 paraissant tous les jours; 150, 3 fois par semaine; 125, 2 fois; 2,000, 1 fois; 50 bimensuelles, 100 mensuelles et 25 trimestrielles. On voit que les journaux hebdomadaires forment l'immense majorité, et cela a lieu même dans les États les plus riches et les plus peuplés. Les journaux quotidiens ont pourtant singulièrement progressé. Le premier fut publié à Philadelphie en 1784; 16 autres furent établis de 1784 à 1800, et leur nombre s'est élevé successivement à 27 en 1810, à 40 en 1828, à 90 en 1834, à 134 en 1840; il était en 1850 de 350, et depuis lors il a dû s'accroître sensiblement.

On pourra remarquer aussi, en comparant le mouvement de la presse en Angleterre et aux États-Unis, combien il a été plus rapide dans le Nouveau Monde. En 1814 la circulation des journaux américains dépassait déjà celle des journaux anglais de 3 millions d'exemplaires; depuis, cet excédant a presque quadruplé, bien que la population fût de moitié moindre. Autre fait : En Angleterre, il n'y a guère qu'à Londres qu'un journal quotidien peut espérer couvrir ses frais, et les villes les plus importantes, comme Manchester, n'en ont point, ou ont été longtemps sans en avoir. En Amérique on en comptait ces dernières années 15 à New-York, 12 à Boston, qui n'a que 140,000 habitants; 10 à Philadelphie, 6 à Baltimore, etc.

Aujourd'hui le nombre des journaux aux États-Unis est de plus de 4,000, et le nombre va toujours augmentant, à mesure que la population se développe et se dissémine sur un plus vaste territoire. En Amérique, où tout le monde sans exception sait lire et écrire, où tout le monde est électeur, où le journal est souvent le seul lien qui rattache au monde le colon isolé, le journal est un objet de première nécessité. A peine un village est-il né qu'un homme y arrive avec quelques livres de caractère et une presse telle quelle; cet homme s'intitule imprimeur, et le lendemain de sa venue il se fait journaliste, écrivant, composant et tirant lui-même son journal, une pauvre petite feuille de papier, imprimée d'un seul côté, que deux ou trois enfants vont vendre pour un sou, mais qui grandira promptement avec le village. On trouve des journaux jusque dans les régions aurifères, dans les *diggings;* je citerai le *Melbourne-Argus*, lequel en 1855, forcé d'augmenter son prix, donnait à ce sujet des détails fort curieux sur son budget : ses frais s'élevaient par jour à 300 livr. sterl., soit par an à 93,000 liv. (2,325,000 fr.), dans lesquels le papier entrait pour 30,000 livr. sterl., la composition pour 27, la machine pour 12, la rédaction pour 10, etc.

Du reste, le même mouvement se produit dans les États anciens, et le nombre des journaux semble même s'y accroître d'autant plus rapidement qu'ils étaient déjà mieux pourvus. Ainsi l'État de New-York, qui avait 245 journaux en 1842, en avait 460 en 1850. A New-York même la circulation des journaux et écrits périodiques s'est accrue depuis dix années, et surtout depuis le commencement de la guerre, dans des proportions dont le fait suivant donnera une idée.

Il y a dix ans le chiffre des affaires de presse n'excédait pas, suivant des calculs approximatifs, la somme de 750,000 d. par an. Aujourd'hui, les recettes nettes de l'*American News Company*, de New-York, pour la vente des journaux, revues, brochures et publications courantes, se sont élevées, pendant les onze mois finissant au 31 décembre dernier, à un total de 2,226,372 dollars 83. Près de 40 millions d'exemplaires de journaux ont passé, durant cette période, entre les mains des employés de cette compagnie, qui ne sont pas moins de soixante-dix pour recevoir, charger, distribuer et expédier. Il a été dépensé pour 12,000 d. de papier à enveloppe et de ficelle pour empaqueter cette énorme masse de publications.

Parmi les journaux publiés à New-York, nous devons citer le *Courrier des Etats-Unis,* en français, le seul à peu près qui soit connu en Europe, et qui appartient à M. Gaillardet, l'auteur de la *Tour de Nesle.*

Le plus ancien des journaux américains actuels est la Gazette de Maryland, fondée en 1727.

J'ai déjà parlé des énormes dimensions des journaux américains. Ils offrent à l'œil du lecteur européen un aspect étrange. Les journaux anglais diffèrent déjà singulièrement des journaux français; cependant avec un peu d'habitude on se reconnaît aisément au milieu des immenses colonnes du *Times* ou du *Chronicle;* chaque matière a sa place spéciale, où l'on est assuré de retrouver tous les jours les faits du même ordre. Rien de pareil dans les journaux américains; quand on les ouvre, l'œil se noie dans une mer de caractères microscopiques où rien ne le guide : des annonces au commencement, des annonces au milieu, des annonces à la fin, voilà ce qu'on aperçoit d'abord. De distance en distance le haut d'une colonne est bariolé de sept ou huit titres à la suite desquels se trouve une note d'autant de lignes. L'article éditorial, le premier Paris du lieu, est toujours extrêmement court; et il est suivi d'une multitude de petits paragraphes encore plus courts, de dépêches télégraphiques venues de tous les points du globe. Disons cependant que le papier employé pour les journaux américains est en général d'une nuance agréable et propre à faire ressortir l'impression, qui est nette et d'une belle venue, et que le caractère, quoique très-petit, est toujours fort lisible.

Les journaux américains se vendent, comme les journaux anglais, au numéro; l'abonnement, qui était autrefois la règle générale, est aujourd'hui l'exception. Le prix ordinaire des grands journaux quotidiens était jusqu'en 1833 de 6 cents (31 centimes 1/2), et à ce prix, avec un millier d'abonnés et quelques annonces ils suffisaient à leurs dépenses. Mais la concurrence les a depuis obligés à réduire leur prix à 3 ou 4 cents. Des tentatives faites pour fonder des journaux à 1 cent ne réussirent pas tout d'abord, mais quelques feuilles à 2 cents firent une concurrence victorieuse aux journaux d'un prix plus élevé. Enfin un journal à 1 cent, le *Sun*, finit par s'implanter et se fit bientôt la part du lion. C'était là une spéculation hasardeuse s'il en fut. Quoique le *Sun* ne donnât que quatre pages au lieu de huit, le bénéfice sur chaque feuille vendue était tellement faible qu'il fallait une vente régulière de 40,000 numéros pour couvrir les frais de l'entreprise. Le *Sun* arriva bientôt à une vente moyenne de 45,000; dès lors les annonces lui affluèrent, et il a fait la fortune de son fondateur, qui, après s'être enrichi, l'a vendu 250,000 dollars (1,250,000 fr.); et ce prix n'a point paru excessif, puisque la vente quotidienne du journal couvre les dépenses, et que les annonces, qui sont presque toutes affermées à l'année, donnent un bénéfice net de 1500 fr. par jour de publication, c'est-à-dire d'environ 500,000 fr. par an. Les journaux à 2 cents, qui attendent aussi leur bénéfice des annonces, mais qui s'imposent pour la rédaction des sacrifices beaucoup plus considérables, ne sauraient donner de pareils résultats; ils ne laissent pourtant pas d'être des entreprises lucratives; les deux plus prospères sont le *Herald* et la *Tribune*, qui, outre l'édition du matin, publient une édition du soir et une édition hebdomadaire, et dont le tirage total, sous ces diverses formes, s'élève jusqu'à 20 et 25,000 numéros.

Les recueils mensuels ont eu plus de peine à s'établir aux États-Unis que les journaux quotidiens; il faut descendre jusqu'au commencement du siècle pour en rencontrer qui aient eu une existence sérieuse et une véritable valeur littéraire; on n'en comptait encore que 26 en 1810; en 1835 il y en avait 140, en 1850 175, et leur nombre aujourd'hui dépasse 200. Les recueils trimestriels, auxquels, en Amérique comme en Angleterre, le nom de *revues* est plus spécialement affecté, sont de date encore plus récente aux États-Unis, et ont eu beaucoup de peine à se faire une place dans les rangs de la presse. Cela tient surtout à la concurrence que ces recueils ont toujours rencontrée dans les revues anglaises; celles-ci, en effet, sont réimprimées aussitôt après leur arrivée en Amérique, et non-seulement elles y coûtent moins cher qu'en Angleterre, mais elles s'y vendent à meilleur marché que les revues américaines elles-mêmes.

En revanche, les journaux spéciaux sont très-nombreux; les journaux religieux, notamment, destinés à fournir le dimanche une lecture instructive et morale aux familles, et rédigés avec beaucoup de soin, y ont un succès tout particulier.

L'immigration européenne a donné naissance aussi à de nombreuses feuilles françaises, italiennes, allemandes surtout; on compte aujourd'hui plus de cent de ces dernières.

Enfin, la contagion a pénétré jusque chez les sauvages qui avoisinent les États-Unis; les Choctaws et les Cherokees ont leurs journaux, rédigés dans leur idiome, ou moitié en anglais et moitié en indien, et ce ne sont pas, on le pense bien, les moins intéressants.

Sur la presse dans les autres États de l'Amérique, je ne possède que des données fort incomplètes, remontant à la fin de 1827. A cette époque, la confédération mexicaine possédait 25 journaux; la république de Colombie, 17; le Brésil, 18; le Pérou, 23; la Plata, 21; le Chili, 14. Je ne sache pas d'ailleurs que la presse ait pris dans aucun de ces États un développement extraordinaire, ni qu'elle y offre rien de particulier. Ainsi en 1860, le Chili n'avait encore que 15 journaux; il faut dire cependant que 6 étaient morts ou avaient été supprimés à la suite des événements révolutionnaires de 1858-1859. De ces 15 journaux, 2 paraissaient tous les jours, le *Mercurio* et le *Commercio;* ils étaient tous les deux de la même dimension : 1 mètre sur 66 centimètres, et tiraient, le premier à 2,500, le dernier à 700. Les annonces en occupaient la moitié.

ASIE.

Le journal, dont nous avons, à travers tant de difficultés, cherché le berceau en Europe, ne serait-il pas né en Asie? N'aurait-il pas été imaginé, à une époque bien antérieure au dix-septième siècle, par les Chinois, qui avaient inventé si longtemps avant nous tant de nos inventions? C'est une opinion assez généralement répandue; nous l'avons vue admise par Voltaire, dans un passage de l'*Encyclopédie* que j'ai cité plus haut, page XLVII, où il dit, en parlant des gazettes, dont « l'usage fut inventé à Venise », que « de tels journaux étaient établis à la Chine de temps immémorial » : assertion que l'on trouve répétée partout.

On comprend qu'il nous soit impossible de nous prononcer à ce sujet d'une façon absolue; ce qui est certain, c'est qu'il n'existe aujourd'hui en Chine, et il est probable qu'il n'y a jamais existé autre chose, qu'une sorte de Moniteur, de Gazette officielle, qui tient beaucoup plus des *Acta publica* et des *Fogli d'awisi* que des journaux tels que nous les entendons, tels que nous les voyons en Europe. Voici ce qu'au milieu de beaucoup d'étrangetés j'ai lu de plus plausible sur cette publication, dont le nom peut se traduire par *Messager de la capitale* : Le tribunal suprême de l'empire se trouve dans l'intérieur du palais de Pékin. Tous les jours, de bonne heure, on affiche sur une planche, dans une cour du palais, d'amples extraits des affaires décidées ou examinées la veille par l'empereur, des mémoires et pétitions qui lui ont été présentés, des réponses qu'il y a faites, des ordres qu'il a donnés, des grâces qu'il a accordées, etc. Les recueils de ces extraits composent les annales du gouvernement.

Toutes les administrations et les établissements du gouvernement de Pékin font copier chaque jour ces extraits et les conservent dans leurs archives. Et pour que tous les habitants de l'empire aient une certaine connaissance de la marche des affaires publiques, ils sont, avec la permission du gouvernement, imprimés en totalité à Pékin, sans qu'il puisse être changé un seul mot ni omis un seul objet.

Telle est la gazette de la Chine. Elle comprend toutes les ordonnances des six ministères siégeant à Pékin, des diverses autorités des provinces, ainsi que des commandants militaires. Les nominations aux emplois, les promotions, les sentences, les châtiments, les rapports des différentes branches de l'administration publique, en sont le principal objet. Quelquefois on y trouve aussi, dans les rapports des administrateurs provinciaux, des notices très-intéressantes sur les phénomènes de la nature.

On peut s'y abonner pour un temps indéterminé. L'abonnement coûte à peu près douze francs par an.

J'ai en ma possession un numéro de cette gazette, et j'en ai vu une petite collection dans la bibliothèque de notre Société ethnographique. Comme taille, elle mesure 22 centimètres sur 10; comparativement à nos journaux, c'est à peu près le tiers de la hauteur et un peu plus que la largeur d'une de leurs colonnes. Le papier en est tellement mince que l'impression le traverse complétement et se lit presque aussi bien au verso qu'au recto; aussi n'est-elle imprimée que d'un côté. Le numéro se compose d'un nombre indéterminé de feuillets, tantôt simples, tantôt doubles, et dans ce dernier cas le pli est en dehors. Ces feuillets sont retenus ensemble par une double ligature de papier roulé en façon de ficelle. C'est, en un mot, tout ce qu'il y a de plus primitif.

Le Japon n'a même pas ce semblant de gazette; toute espèce de journal y est interdite.

On peut donc dire qu'en réalité le journalisme a été introduit en Asie par les Européens. Là, en effet, comme en Amérique, les établissements fondés par les peuples occidentaux ont eu de bonne heure des journaux, rédigés la plupart dans la langue et sur le patron de ceux de la métropole, quelques-uns dans l'idiome des indigènes, en vue desquels ils étaient spécialement créés. Ces publications, fort intéressantes sans doute pour l'histoire des peuples, n'offrent, à notre point de vue particulier, rien qui mérite d'être signalé. Les seuls journaux qui pourraient arrêter notre attention seraient les journaux *natifs*, les journaux fondés et rédigés par les indigènes, depuis que la civilisation européenne les a pénétrés et qu'ils se sont mêlés au mouvement politique et commercial; malheureusement les éléments d'appréciation font presque absolument défaut. Je puis seulement, grâce à l'obligeance d'un de nos plus savants orientalistes, donner quelques détails sur la presse indigène dans l'Hindoustan. C'est, du reste, la contrée de l'Asie où le journalisme s'est le plus développé, parce que c'est celle que l'Europe s'est le plus assimilée, et, en réalité, la seule intéressante à notre point de vue.

M. Garcin de Tassy a pris la très-louable habitude d'ouvrir chaque année son cours d'hindoustani par une revue du mouvement littéraire dans l'Inde durant l'année qui vient de s'écouler, et il y comprend, avec infiniment de raison, la littérature des journaux, dont on ne fait pas toujours le cas qu'elle mérite. Tous les renseignements qu'il possédait sur ce sujet, le savant professeur me les a communiqués avec le plus bienveillant empressement, et il m'a même été permis de voir dans son cabinet de nombreux et très-curieux échantillons de la presse indienne.

Ces journaux hindoustanis sont généralement de format petit in-folio, tantôt à longues lignes, tantôt à deux colonnes, et se composent de huit à seize pages. La plupart sont lithographiés : dans l'Inde, on préfère la lithographie à l'imprimerie, surtout pour les journaux, et l'on a soin de mentionner le nom du calligraphe, quand il jouit de quelque célébrité. Ils sont le plus souvent écrits en hindoustani ; mais quelques-uns sont rédigés ou publiés parallèlement en deux dialectes, ou bien en anglais et en indien. Les caractères employés sont généralement les caractères arabes ou persans ; on fait aussi usage des caractères latins.

Le titre est orné de gracieuses arabesques, dont la couleur varie, et quelquefois aussi d'un dessin en rapport avec ce titre. Ainsi la *Lunette d'approche*, publiée à Calcutta, offre à la première page la figure de deux lunettes d'approche croisées et portant en grandes lettres le titre du journal, avec cette épigraphe en persan : « Les affaires du monde seront manifestées à celui, jeune ou vieux, qui se servira de cette lunette d'approche. » Presque toutes les feuilles ont ainsi leur épigraphe ; nous en citerons quelques autres : « La *Revue des nouvelles* est le miroir des informations ; la *Revue des nouvelles* est le jardin des perles du discours. » — Les *Nouvelles du monde*, de Mirat : « Par ce journal, les actes des souverains sont connus. Diverses sont les affaires du monde ; mais, de même qu'on met l'eau de la rivière dans une cruche, ainsi dans cette feuille sont contenues ces choses. » — L'*Ami des sujets*, du Penjab : « De la condition la plus obscure on peut un jour arriver au rang le plus élevé, si, comme le pion des échecs, on va droit son chemin. »

Nous venons de voir quelques titres. L'idée qui paraît prévaloir dans le choix des noms de journaux est l'idée d'information, et les mots qui reviennent le plus souvent sont ceux de Nouvelles et de Lumière : le Jardin des nouvelles, la Quintessence des nouvelles, la Clé, le Pilier, le Pivot des nouvelles, le Lion des nouvelles — la Lumière des yeux, le parterre de lumière, la Montagne de lumière, l'Océan de lumière, Lumière sur lumière ; — le Soleil de l'Inde, les Rayons du soleil ; — le Miroir qui montre le monde. — Quelques titres ont un caractère moins banal : l'Avantage des peuples, l'Ambroisie pour l'Inde, le Réfrigératif des cœurs, la Fraiche guirlande, etc.

Quant à la composition de ces journaux, le numéro commence assez souvent par une petite pièce de vers qui en offre le programme, ou bien encore les louanges de Dieu et les conditions de l'abonnement. Viennent ensuite les nouvelles, politiques et autres, précédées quelquefois d'un premier Surate, ou d'un premier Bénarès, farci de sentences dans le genre de celles de l'Ecclésiaste, puis des articles de fond, religieux, historiques, scientifiques et littéraires, accompagnés quelquefois de dessins lithograghiés. Plusieurs de ces articles se terminent, en forme de morale, par un ou deux vers, car, en Asie, la poésie domine toute composition littéraire. Les articles de simples nouvelles sont souvent même empreints de ce cachet poétique qui embellit les choses les plus ordinaires ; par exemple, le récit de la perte d'un batelier et de son bateau dans un tournant d'eau commence ainsi : « Aujourd'hui le plongeur de notre pensée doit plonger dans l'océan de la douleur ; le miroir d'acier de la stupéfaction se change en eau ; le calam qui enfile les perles du discours est submergé dans un gouffre obscur et ténébreux. Le bateau de la sécurité et de la confiance chancelle et dérive ; la nacelle paraît ne devoir pas arriver au rivage. Les spectateurs, sur la berge, voyant le batelier frapper le mât de sa tête, se mettent à frapper leur poitrine comme les vagues le bateau, dans leur compatissante sympathie. »

Quelques-uns de ces journaux sont rédigés par des missionnaires, autant pour répandre parmi les Indiens les connaissances utiles que pour faire du prosélytisme ; mais le plus grand nombre ont pour rédacteurs des indigènes. Le développement de l'éducation a fini par produire chez les Indiens, malgré leur insouciance naturelle, une opinion publique. « Des journaux *natifs* surgissent de tous côtés dans l'Inde, disait le *Times* le 27 février 1864, et généralement ils ne manquent pas d'une certaine habileté dans leur direction. Quelques-uns annoncent une connaissance étendue de la littérature et des journaux anglais, et, quoiqu'ils soient rarement soutenus par le gouvernement, ils le défendent assez bien. »

Dans son discours d'ouverture de 1853, M. Garcin de Tassy donnait des détails sur 27 journaux hindoustanis ; en 1860, il en passait en revue 17 autres; en 1863, 12; en 1865, 17. Ces journaux sont tirés à très-petit nombre, eu égard à la population; le plus répandu de ceux que mentionne M. de Tassy en 1861 n'était tiré qu'à 4,000.

AFRIQUE. — Un statisticien dont je parlerai tout à l'heure, Adrien Balbi, donnait à l'Afrique, en 1826, 12 journaux, parmi lesquels un français manuscrit à Tripoli. Ce nombre s'est évidemment accru depuis lors ; la presse a dû prendre en Égypte et au Cap, comme en Algérie, un certain développement, mais qui, selon les apparences, n'est pas sorti du courant ordinaire. Je ne sais rien, du reste, de positif qu'en ce qui concerne notre grande colonie africaine.

L'Algérie comptait au commencement de 1866, indépendamment de quelques feuilles scientifiques et littéraires, ou agricoles, 15 journaux politiques, 6 dans la province d'Alger, 5 dans celle de Constantine, et 4 dans celle d'Oran. Le plus ancien de ces journaux était l'*Akhbar*, qui existe depuis 1839, à moins que l'on ne considère le *Moniteur algérien*, organe officiel du gouvernement, fondé à la fin de 1861, comme la suite du *Moniteur algérien*, créé en 1832, mais qui avait été interrompu après 1858.

OCÉANIE. — Sur le journalisme dans la cinquième partie du monde je ne possède que quelques données, que l'on trouvera plus loin. Tout ce que je puis dire ici, c'est que la presse y a pris, du moins dans la plus importante de ses parties, en Australie, un développement qui paraît dépasser encore ce que nous avons vu aux États-Unis.

RÉCAPITULATION.

La presse périodique ne date en réalité que des premières années du dix-septième siècle.

Le journal paraît avoir pris naissance presque simultanément sur les rives de l'Escaut et du Mein, d'où il s'est rapidement répandu dans les pays voisins, se développant, dans chaque État, plus ou moins largement, suivant le caractère des populations ou leurs institutions politiques, mais poussant partout des racines profondes, impérissables.

Le siècle était à peine fini que Bayle réclamait déjà une histoire des gazettes, par la raison que « le nombre de celles qui se publiaient par toute l'Europe était *prodigieux*. Il ne faudrait pas évidemment prendre cette épithète au pied de la lettre ; je crois que, s'il était possible de supputer le nombre des gazettes existant au commencement du dix-huitième siècle, on n'arriverait pas à cent, à beaucoup près même; et pour en être convaincu, il suffirait de se rappeler que la France n'en avait qu'une.

Prenons donc le dire de Bayle pour ce qu'il vaut, pour un indice. Il ne s'agit là, du reste, que des gazettes, des papiers-nouvelles. « Quant aux mercures ou autres ouvrages qui mériteraient ce nom, le nombre s'en était si fort multiplié qu'il était également temps qu'on en donnât l'histoire. »

Bayle ne parle point des journaux, c'est-à-dire des recueils périodiques littéraires et scientifiques; mais on ne peut douter, d'après tout ce que nous avons dit, qu'ils n'aient suivi une progression plus rapide encore; seulement ils étaient venus longtemps après les gazettes. Un contemporain de Bayle, un nommé Alleman, entreprit en 1695 la publication d'un *Journal historique de l'Europe*, contenant ce qui se serait passé chaque année de plus considérable dans tous les États de l'Europe savante, sous ce prétexte que « tous les ouvrages périodiques qu'on imprimait en France et dans les pays étrangers formaient plus de 50 volumes par an, et revenaient à Paris, toutes les années, à 20 pistoles au moins » ; et ce brave homme pensait qu'en élaguant les « mille choses inutiles, douteuses, déguisées et bien souvent fausses dont ils étaient remplis », il pourrait condenser chaque année dans un volume in-12 d'un prix modique tout ce que ces cinquante volumes contiendraient de plus curieux et de plus certain, et qu'il épargnerait ainsi aux curieux beaucoup de temps et de peines, et une dépense assez considérable. 50 volumes par an, 200 francs, voilà des chiffres qui paraîtront bien humbles aujourd'hui. A soixante-quinze années de là, Voltaire, parlant du *Journal encyclopé-*

dique, disait qu'à ses yeux c'était « le premier des 173 journaux qui paraissaient tous les mois en Europe »; ce qui, par parenthèse, signifie qu'il existait alors en Europe 173 journaux, ou recueils littéraires, et non qu'il en paraissait tous les mois 173 nouveaux, ce qui aurait fait, en effet, plus de 2,000 par an, comme l'a imprimé dans un feuilleton de l'*Indépendance belge*, dont je n'ai, du reste, qu'à me louer, un de nos plus spirituels conférenciers.

Ce sont là des données bien vagues, mais c'est tout ce que j'ai rencontré dans mes recherches, et je doute qu'il soit possible d'établir, même par à peu près, le bilan de la presse aux dix-septième et dix-huitième siècles : la statistique n'était par encore née ou ne faisait que de naître.

Le premier — et le seul — document sur l'ensemble de la presse périodique qui soit venu à ma connaissance est de 1826; il se trouve dans la *Revue encyclopédique* de mars 1828. C'est un « *Essai statistique sur la presse périodique du globe*, ou Comparaison de la population des cinq parties du monde et de leurs principaux États avec le nombre correspondant des journaux qu'on y publiait », essai « entièrement neuf et d'une haute importance, rédigé d'après les titres exacts de plus de 2,000 journaux, politiques ou littéraires, publiés dans les différentes parties du monde, et d'après les renseignements qu'un géographe très-instruit, et qui jouissait d'une réputation européenne — Adrien Balbi, — avait obtenus sur l'existence de ceux dont les titres n'étaient point parvenus en Europe. »

Voici le résumé de ce travail curieux, sur le fond duquel je ne saurais me prononcer autrement.

	Population.	Journaux.
Europe	227,700,000	2,142
Amérique	39,300,000	978
Asie	390,000,000	27
Afrique	60,000,000	12
Océanie	20,000,000	9
Total des journaux du globe en 1826		3,168

Les États d'origine anglaise entraient dans ce chiffre pour 1,378; tous les autres États du globe pour 1,790.

Nous ne suivrons pas Balbi dans la répartition qu'il fait de ces 3,168 journaux entre tous les États petits et grands, et même entre les villes les plus importantes; nous nous bornerons à reproduire de son tableau ce qui concerne les États européens.

	Population.	Journaux.
France	32,000,000	490
Iles britanniques	23,400,000	483
Suisse	1,980,000	30
Autriche	32,000,000	80
Prusse	12,464,000	288
Pays-Bas	6,143,000	150
Confédération germanique	13,600,000	305
Danemarck	1,950,000	80
Suède et Norvége	3,866,000	81
Espagne	13,900,000	16
Portugal	3,530,000	17
Russie et Pologne	56,515,000	84

L'Italie n'est représentée que par des chiffres insignifiants : la Sardaigne aurait eu alors 8 journaux seulement; les Deux-Siciles, les États du pape et la Toscane, 6 chacun.

D'après un calcul basé sur le tableau de Balbi, ce serait la Prusse qui aurait eu, en 1826, le plus de journaux comparativement à sa population : 1 pour 41,550 habitants; les autres États allemands en avaient 1 pour 45,300; l'Angleterre, 1 pour 46,000; la France, 1 pour 64,000; la Suisse, 1 pour 66,000; l'Autriche, 1 pour 400,000; la Russie, 1 pour 565,000; l'Espagne, 1 pour 695,000. A la même époque, l'État de New-York comptait un journal par 8,950 habitants, et la capitale 1 par 3,759.

Les proportions se sont bien modifiées depuis lors. C'est la Suisse aujourd'hui qui marche en tête dans la voie de la presse européenne, à la hauteur des États-Unis, avec un journal pour 7,000 habitants. Viennent ensuite : la Belgique, 1 pour 17,000; la France et l'Angleterre, à peu près *ex æquo*, 1 pour 20,000; la Prusse, 1 pour 30,000; l'Espagne, 1 pour 75,000; l'Autriche, 1 pour 100,000; la Russie, 1 pour 300,000.

Absolument, de toutes les nations du monde, ce sont les États-Unis qui ont aujourd'hui le plus de journaux, plus de 4,000, pour une population d'environ 30 millions. La France, qui vient après, n'en a que 1,640, avec une population plus forte de 6 à 7 millions. Voici, du reste, un tableau, par approximation, de la presse européenne, comparée à la population :

	Population.	Journaux.
France	37,000,000	1,640
Angleterre	28,000,000	1,260
Prusse	18,000,000	700
Italie	27,000,000	500
Autriche	38,000,000	365
Suisse	2,500,000	300
Belgique	4,700,000	275

Hollande........	3,500,000	225
Russie..........	66,000,000	200
Espagne.........	15,000,000	200
Suède et Norvége.	5,200,000	150
Danemark.......	2,000,000	100
Turquie, etc.....	»	100

On voit quel chemin la presse a fait de 1826 à 1866; le nombre des journaux a plus que quadruplé dans l'espace de ces quarante années. Je crois, en effet, rester au-dessous de la vérité en l'évaluant à 12,500, ainsi répartis :

Europe....................	7,000
Amérique.................	5,000
Asie, Afrique, Océanie......	500
Total des journaux du globe en 1866.....................	12,500

Ce ne sont là, bien entendu, que des chiffres approximatifs, surtout pour les parties du monde autres que l'Europe; je les crois pourtant aussi près de la vérité que possible, et plutôt au-dessous qu'au-dessus. Pour l'Amérique, par exemple, les Etats-Unis comptant à eux seuls plus de 4,000 journaux, il m'a semblé qu'on pouvait sans exagération évaluer à un millier ceux de tous les autres Etats réunis de l'Amérique du Nord et de l'Amérique du Sud. Quant à l'Asie, à l'Afrique et à l'Océanie, le chiffre que je donne, insignifiant du reste, ne doit être regardé que comme une probabilité : on manque absolument de données sur l'état de la presse dans ces contrées; mais on ne peut douter que le contre-coup du prodigieux développement qu'elle a pris en Europe ne s'y soit fait quelque peu sentir, et que le nombre des journaux ne s'y soit accru en raison de l'extension et de la plus grande activité des établissements européens. Voici, d'ailleurs, à l'appui de cette supposition, un fait des plus éloquents : à Victoria, colonie indépendante de l'Australie, fondée en 1851, il ne se publie pas moins d'une centaine de journaux ; à elle seule, la capitale, Melbourne, ville de 123,000 âmes, possède 3 journaux quotidiens, 31 journaux hebdomadaires, 10 revues bimensuelles, 10 revues mensuelles, 1 trimestrielle et 1 annuelle.

Un pareil fait permet d'espérer qu'il n'y aura bientôt plus un seul coin du globe où la presse n'ait jeté quelques racines.

Il montre encore la singulière aptitude de la race saxonne, qui, malgré les progrès faits par les autres peuples dans les voies de la presse, a largement conservé l'avance qu'elle avait en 1826.

Si nous admettons comme terme moyen de périodicité, pour ces 12,500 journaux, quatre jours, c'est-à-dire qu'ils paraissent l'un dans l'autre tous les quatre jours, il s'en publierait donc tous les jours plus de 3,000, lesquels, en leur supposant un tirage moyen de 2,000 seulement, ce qui, certes, n'est pas exagéré, verseraient ensemble quotidiennement sur le globe quelque chose comme 6 millions de feuilles.

Que de fatras, sans doute ! mais aussi quel remuement d'idées, si l'on pouvait ainsi dire ! que d'esprit jeté au vent ! quelles semailles ! et quelle moisson n'en peut-on pas espérer !

Qu'au moins chaque Etat prenne soin de recueillir et de conserver ces archives de l'esprit humain : un jour ou l'autre il se trouvera des travailleurs pour les explorer et en tirer le bon grain. C'est ce que font déjà la France et l'Angleterre, qui possèdent l'une et l'autre des collections de journaux également riches.

Une autre collection serait à faire, qui offrirait un haut degré d'intérêt : ce serait une collection de spécimens, réunissant des échantillons des journaux de tous les temps et de tous les pays, depuis la petite gazette anversoise d'Abraham Verhoeven, haute de 16 centimètres et large de 11 à 12, jusqu'au quadruple *Boston Notion*, mesurant 2 mètres 70 centimètres sur 1 mètre 80 centimètres; depuis le *Kloster-Posten* de Reikiavik, le plus boréal des journaux, jusqu'au journal de Launceston, dans l'île de Van-Diémen, qui en est le plus septentrional, et montrant toutes les phases, toutes les transformations, toutes les métamorphoses par lesquelles le journal a passé depuis 1605. Une pareille collection, presque impossible pour un individu livré à ses seules ressources, serait facile avec l'aide d'un gouvernement comme ceux de France ou d'Angleterre, qui eut des agents ou des relations dans tous les pays du monde. Espérons donc qu'elle se fera.

Cette idée, d'ailleurs, a déjà reçu un commencement d'exécution, que je me fais un plaisir de signaler à ceux de mes lecteurs qui ne le connaîtraient pas encore. Il existe à Bruxelles un établissement connu sous le nom d'*Établissement géographique*, et ainsi appelé parce que, dans l'origine, il fût spécialement consacré à la géographie, non pas à cette connaissance un peu sèche des divisions naturelles ou arbitraires de la surface du globe, mais à la science vaste et féconde qui embrasse l'étude de l'univers, de ses productions et de ses habitants, sans négliger les relations historiques et sociales de ceux-ci. Cet établissement, unique au monde, et qui peut être considéré comme une des gloires de la Belgique, a été fondé en 1830 par M. Ph. Van-der-Maelen, qu'on a justement surnommé « le héros de la classification, du travail patient, méthodique, intelligent, universel », et qui lui consacre depuis bientôt cinquante ans tout son temps et toute sa fortune, sans lui en dérober une minute ou un centime. C'est aujourd'hui comme une encyclopédie pratique, vivante. Là près de trois millions de cartes ou étiquettes, relevées jour par jour sur tous les principaux recueils, revues et journaux du monde, admirablement distribuées, et communiquées avec une obligeance qui n'a d'égale que la science et la modestie du directeur, vous mettent au courant de tout ce qui a été publié sur un sujet quelconque. Je ne saurais, d'ailleurs, mieux faire, pour donner une idée des richesses de toute nature qu'a su amasser la persévérance infatigable d'un seul homme, qu'en disant ce que j'ai trouvé là pour ce qui concernait l'objet spécial de mes recherches. A ma grande mais très-agréable surprise, je l'avoue, j'y ai vu un millier de journaux, belges, français, anglais, allemands, russes, hollandais, la plupart complets, et, de plus, six ou sept mille spécimens de journaux de toutes les contrées du monde, dont les plus curieux sont disposés dans de nombreuses vitrines.

Cette collection, déjà si riche, pourrait servir de noyau à celle que j'appelle de mes vœux, et qui me semble avoir pour elle les circonstances. Voici, en effet, qu'une excellente occasion se présente d'en amasser les matériaux. Dans un an aura lieu à Paris une exposition universelle qui paraît devoir réaliser des merveilles. Toutes les nations s'apprêtent à y envoyer des échantillons de leur industrie, et, dans ce tournoi, l'imprimerie ne demeurera certainement pas en arrière. Pourquoi ne ferait-elle point figurer les journaux parmi ses produits? En est-il donc beaucoup avec lesquels ne puissent rivaliser, par exemple, le *Times* anglais ou le *Sun* américain? Une suite des journaux de tous les pays, dans tous les genres, avec l'indication de leur périodicité, de leur prix, etc., ne serait assurément pas une des curiosités les moins attrayantes de l'exposition.

C'est une idée que je soumets à qui de droit. Il suffirait pour sa réalisation d'un appel de la commission supérieure chargée d'organiser cette grande exhibition. Je serais, pour ma part, on ne peut plus heureux d'y contribuer et de mettre à son service le peu d'expérience que de longues années d'études spéciales m'ont donnée en matière de journalisme. Vivant depuis vingt ans au milieu des journaux, j'en connais le fort et le faible, et je suis loin d'en être fanatique. Je ne voudrais donc pas dire que l'avenir appartient à la presse, mais on ne saurait se dissimuler qu'elle est appelée à exercer sur les destinées du monde une influence de plus en plus décisive; on ne saurait, en tout cas, se refuser à reconnaître dans les journaux à la fois les plus puissants vulgarisateurs d'idées et les meilleurs instruments de l'histoire d'une époque, à quelque point de vue qu'on la veuille étudier, et, à ce double titre, ils méritent qu'on ait pour eux, pour leurs dépouilles, plus de considération qu'on n'en a eu jusqu'ici.

On voit tout ce qui manque à ce tableau. Un maître de la critique, sous le témoignage duquel je me suis abrité dès en commençant, M. Sainte-Beuve, appelant de ses vœux une histoire des journaux, déjà réclamée par Bayle cent cinquante ans auparavant, disait que, « malgré tout le soin possible, il faudrait se résigner, dans un tel travail, à bien des ignorances, à bien des inexactitudes. » Et l'éminent causeur n'entendait parler que des journaux français. Combien plus grande ne doit donc pas être la difficulté quand il s'agit des journaux du monde! Mais, suivant ce qu'ajoutait le même écrivain, et ce que j'ai déjà dit, « l'essentiel était d'établir les grandes lignes de la chaussée; les perfectionnements viendront ensuite. »

J'ai donc tracé la route, je l'ai jalonnée; ma préoccupation désormais sera de perfectionner cette œuvre en quelque sorte internationale. Mais je n'y saurais réussir qu'autant que je serai secondé par les écrivains ou les amateurs qui, dans chaque pays, peuvent avoir fait, des journaux, à un titre quelconque, l'objet de leurs recherches. J'ose donc prier tous ceux qui pourraient m'aider à compléter ce tableau de vouloir bien me faire part de ce qu'ils sauraient sur la naissance de la presse périodique dans leur pays, sur ses développements successifs, sur son état actuel et les conditions de son existence, de toutes les particularités enfin, de tous les renseignements qui leur sembleraient de nature à entrer dans le cadre de cet Essai. Ils pourraient me faire parvenir leurs communications sous le couvert de mes éditeurs, Messieurs Didot, et souvent même par l'intermédiaire des correspondants de cette honorable maison, qui en a dans toutes les villes importantes. Par réciprocité, je me mets tout à leur disposition. Et pour commencer, j'indiquerai à ceux qui voudraient me suivre dans cette carrière quelques sources où ils pourront puiser.

Collections.

Les deux plus riches collections publiques de journaux qui existent sont assurément celle de la Bibliothèque impériale à Paris et celle du *British Museum* à Londres. Je ne saurais dire lequel de ces deux établissements l'emporte sur l'autre sous ce rapport, mais, outre une énorme quantité de journaux indigènes, ils possèdent l'un et l'autre, le Muséum Anglais surtout, un assez grand nombre de journaux étrangers.

J'ai parlé de la collection polyglotte de l'Établissement géographique de Bruxelles; on trouvera encore d'excellents matériaux dans la Bibliothèque royale de cette ville, dont les honneurs sont faits aux chercheurs avec le plus encourageant empressement par des bibliothécaires aussi obligeants que savants.

En France encore, la bibliothèque du Corps législatif possède une collection de journaux de la Révolution, précieuse surtout par son accessibilité; les archives de la préfecture de police, une collection très-importante, et non moins accessible, de journaux modernes, admirablement classée et tenue par un homme du métier; la bibliothèque de l'Arsenal et celle de Sainte-Geneviève, ont l'une et l'autre, outre une remarquable collection de journaux littéraires, un certain nombre de gazettes et de mercures antérieurs à la Révolution.

Parmi les collections particulières, je citerai, à Paris, celles de MM. Pochet-Deroche et Ménétrier, deux amateurs qui font de leurs richesses l'usage le plus généreux; et celle de M. de La Sicotière, à Alençon.

Enfin il est une mine encore que je veux signaler tout particulièrement : c'est une collection de catalogues de vente et autres, faite par un libraire parisien de la vieille roche, M. Jullien, qui a déjà consacré quarante ans de sa vie à cette œuvre, et la continue avec une ardeur toute juvénile. Cette collection, unique au monde, se compose d'environ 12,000 catalogues, remontant à 1575. Il y en a dans toutes les langues, en latin, en allemand, en anglais, en italien, etc., et non-seulement des catalogues de livres, mais des catalogues d'autographes qu'on ne trouverait nulle part ailleurs, des catalogues d'estampes, etc. Ajoutons que tout cela provient des meilleures sources, que beaucoup de ces catalogues sont annotés de la main des plus savants bibliophiles, que les catalogues de vente sont presque tous avec les prix; enfin, que le collectionneur y a joint, autant qu'il l'a pu, des notices bibliographiques, des extraits de journaux, des affiches, des portraits, des autographes. Il serait superflu de faire ressortir l'importance d'une pareille collection.

Bibliographie.

Histoire du journal en France, par Eugène Hatin. 1846, in-16 de 120 p.

— La même, 2e édition, entièrement refondue. 1853, in-16 de 320 p.

— *Histoire politique et littéraire de la presse en France*, par le même. 1859-1861, 8 vol. in-8°.

— *Bibliographie historique et critique de la presse périodique française*, par le même. 1866, gr. in-8°.

— *Les Gazettes de Hollande et la presse clandestine* aux dix-septième et dix-huitième siècles, par le même. 1865, in-8°.

Histoire critique des journaux, par Camusat. 1734, in-12. — Ce n'est à proprement parler que l'histoire du *Journal des savants*.

Essai sur le journalisme depuis 1735 jusqu'à l'an 1800, par Delisle de Salles. 1811, in-8°. — Pure diatribe.

Histoire des journaux et des journalistes de la Révolution française, par Léonard Gallois. 1845, 2 vol. in-8°.

Un Chapitre de la Révolution française, ou Histoire des journaux en France de 1789 à 1799, par Ch. de Monseignat. 1852, in-12.

La Presse de 1848, par Wallon. 1849, in-8°.

Histoire anecdotique et critique de la presse parisienne, par Firmin Maillard. Années 1856-1858, 2 vol. in-12. — Revue satirique, très-amusante, de la petite presse, continuée par Vaudin sous le titre de *Gazetiers et Gazettes*, puis sous celui de *Gazettes et Gazetiers*, pour les années 1859-1860.

Essai historique et critique sur les journaux belges, par Warzée. 1844, in-8°.

Recherches historiques et bibliographiques sur les journaux liégeois, par Ulysse Capitaine. 1850, in-12.

Histoire de la presse en Angleterre et aux États-Unis, par Cucheval-Clarigny. 1857, in-12.

The Fourth Estate : contributions towards a History of Newspapers and of the liberty of the Press, by F. K. Hunt. 1850, 2 vol. in-8°.

The History of British Journalism, from the foundation of the Newspaper Press in England to the repeal of the stamp act in 1855, by Alexander Andrews. 1859, 2 vol. in-8°.

The Newspaper Press Directory : containing full particulars relative to each journal published in the United Kingdom and the British Isles, by C. Mitchell. 1861, in-8°.

Ueber Zeitungen, von Joachim von Schwarzkopf. Frankfurt am Main, 1795, in-8°.

Geschichte des deutschen Journalismus, von R. E. Prutz. Hannover, 1845, in-8°.

Presque toutes les encyclopédies ont consacré un article au journalisme; mais on ne doit, en général, puiser à cette source qu'avec beaucoup de circonspection. On consultera néanmoins très-utilement l'*Encyclopédie moderne* publiée par la maison Didot, aux mots *Journal*, *Journalisme*, *Presse*; le *Conversations-Lexicon* de Brockhaus, au mot, *Zeitungen und Zeitschriften*; l'*English Cyclopedia* de Charles Knight, au mot *Newspapers*, et encore au mot *British Museum*, pour la collection de cet établissement; la *Nuova Enciclopedia popolare italiana*, 4e édit., Turin, 1859, au mot *Giornale*, etc.

DU MÊME AUTEUR

Histoire politique et littéraire de la Presse en France. 8 vol. in-8° et in-12.

Cet ouvrage, honoré des souscriptions de LL. EE. les Ministres d'État et de la maison de l'Empereur pour les bibliothèques publiques et celles de la couronne, — et si effrontément dépecé par des plagiaires sans vergogne, — est assez connu aujourd'hui pour qu'il ne soit pas besoin d'insister sur son importance. L'intérêt, d'ailleurs, l'utilité même d'une histoire du journalisme, de cette puissance qui a joué, depuis un siècle surtout, un si grand rôle en France, n'a pas besoin d'être démontrée : on trouverait difficilement un sujet aussi curieux à la fois et aussi instructif, aussi neuf dans tous les cas.

L'ouvrage complet forme 8 beaux volumes, de 500 à 600 pages. Il a été publié à la fois dans le format in-8° et dans le format grand in-12.

Prix de l'exemplaire in-8° : 40 fr.

— de l'exemplaire in-12 : 28 fr.

Il ne reste plus qu'un très-petit nombre d'exemplaires in-8°.

Bibliographie historique et critique de la Presse périodique française, ou Catalogue systématique et raisonné de tous les écrits périodiques de quelque valeur publiés ou ayant circulé en France depuis l'origine du journal jusqu'à nos jours, avec extraits, notes historiques, critiques et morales, indication des prix que les principaux journaux ont atteints dans les ventes publiques, etc. — Précédé d'un Essai sur la naissance et les progrès de la Presse périodique en Europe. Grand in-8°.

Dans l'ouvrage précédent, M. Hatin a dressé, en quelque sorte, les annales de la presse ; il en a dit la naissance et les progrès, raconté les nombreuses vicissitudes. Chemin faisant, il a esquissé la physionomie des journaux les plus importants; mais ce n'a pu être que de l'infiniment petit nombre, et il a dû forcément négliger une multitude de feuilles qui appelaient cependant, à des titres divers, l'attention de l'historien ou du moraliste.

La Bibliographie que nous annonçons est le complément indispensable de l'*Histoire de la Presse,* en même temps qu'elle forme un ouvrage spécial, un tout complet et indépendant. Ce n'est point une simple nomenclature, mais, comme l'indique le titre, un catalogue raisonné, un répertoire analytique, qui permet : 1° de suivre pas à pas la marche de la presse, et en même temps celle des idées; 2° de connaître quels journaux existaient à une époque donnée ; 3° enfin de trouver instantanément, et avec tous les renseignements désirables, le journal dont on pourrait avoir besoin.

Il serait superflu d'insister sur les services qu'est appelé à rendre un pareil répertoire, depuis si longtemps désiré. On a compris enfin depuis quelques années la valeur des journaux au point de vue de l'histoire; mais, faute d'un guide, il a été jusqu'ici très-difficile, pour ne pas dire impossible, de pénéter dans ce dédale de publications, qui, à certains moments, se croisent, se mêlent, s'enchevêtrent, changeant chaque jour de forme et de nom, de manière à dérouter le plus clairvoyant. C'est ce guide, et, en quelque sorte, ce fil conducteur, que l'auteur de l'*Histoire de la Presse,* complétant son œuvre, vient mettre dans les mains du travailleur, du chercheur.

La *Bibliographie de la Presse* forme un fort volume à 2 colonnes, de CXX et 660 pages, du même format que le *Manuel du Libraire,* dont elle est en quelque sorte une annexe naturelle.

Prix : 20 fr.

TYPOGRAPHIE DE H. FIRMIN DIDOT. — MESNIL (EURE).

www.ingramcontent.com/pod-product-compliance
Lightning Source LLC
LaVergne TN
LVHW020439230826
846091LV00004B/1549

9782013563475